JN221860

会社員以外の働き方

フリーランス・起業・副業、
君に合った夢の叶え方がわかる本

Gakken

はじめに

「大きな会社で働けたら幸せ」

かつてはそう言われていた時代がありました。

しかし、人の幸せの形が多様化してきた今、

会社で働いていては手に入りづらい幸せがあるかもしれません。

今よりもお金を稼ぎたい。

家族と一緒に過ごしたい。

人間関係で悩みたくない。

自分のスキルを高めたい。

自分の幸せを叶える働き方を見つけるために、

「会社を離れて働く」ことも選択肢の一つです。

ここ数年で、世界の変化や技術の発展をきっかけに、働き方も多様化してきています。

どの職業になるかも大切ですが、どう働くかを考えることも同じぐらい大切なのです。

この本では企業や組織を離れて、個人で働く生き方を紹介します。

フリーランスは、個人で働くために不安定のイメージを持たれがちです。

不安と隣り合わせの中、働いている人もいるかもしれません。

それでも、自分にとって幸せな働き方を探す10人の物語をこの本では紹介します。

もくじ

ここはとある山間（さんかん）の
小学校（しょうがっこう）———

さあ　みなさん
もどったかしら

それでは
点呼（てんこ）を
とります…

あら？

時間（じかん）になったのに
何人（なんにん）かいないわね…

は一い

悪（わる）いけど今（いま）いない人（ひと）を
だれか呼（よ）んできてくれる？

6

きっと
校庭かな…

あっ
いたいた！

帰りの会が
始まるよ〜！

え—！
もう先生
来たの？

この木とも
あしたで
さよならだから
お別れの
あいさつを
してたんだよ

じゃあ教室に
もどるか—！

わんぱく3人組ももどってきたし
改めて点呼をとりますね

マシロちゃんは絵がうまいから絵描きさんになるんじゃない？

え〜？
なれるかな…

全然
わかんね〜！

俺は
金持ちに
なれれば
いいや

……

卒業式当日

わい

わい

タツヤくん
すてきな服
だね！

ヌイもな！

この服
お母さんに
作ってもらったんだ〜

みんな
撮るよ〜！

イエーイ！

先生も
お菓子
どうぞ！

わあ！
ありがとう

先生からもみなさんに
プレゼントが
あります！

星形の…
バッジ？

キレ〜イ！

このバッジに自分の夢を書いて
大人になるまで持っていてほしいの

できた！

う〜ん…

サラ
サラ…

みなさんは一人ひとり
だれともちがうお星さまです

これからの長い道のり…
迷うことや苦しいことも
あると思います

それでも自分らしさを
忘れずにみなさんの個性が
かがやくことを願っています

応援していますね！

はいっ！！

じゃーなー！

先生　大人になったら
同窓会しようねー！

またねー！

バイバーイ！

みんなどんな
大人になるのかしら…

01

せんせい
先生

「勉強を教えてくれる先生」と聞いて、学校の先生を思いうかべる人は多いでしょう。
ですが、学校の先生のほか、塾で勉強を教えてくれる先生もいます。
個人で働くことの多い塾の先生は、どういう働き方をしているのでしょうか。
学校の先生と比べながら見てみましょう。

じゃあ今の考え方を頭に入れて問4をやってみよう！

(1,0) (2

$y = a$

大事なとこだからくり返すよ…

俺の名前はマサノリ
フリーの塾の先生をやっている

俺が塾の先生を目指したきっかけは高校生のころ…

なんでここでこの公式を使うんだ？わからん…

マサノリくんこの公式を図形で表してみたらどう？

こうすれば答えが出せるだろ

おお…確かに！

いいかい？

数学の公式は意味を理解してから使うことが大事なんだ

出雲先生の教え方わかりやすくてすごいなー…

俺もいつか出雲先生のような授業ができたら…

そんな思いから大学卒業後は塾に就職し先生として働いている

マサノリ先生 ここわからないんですけど…

その問題は先週やった公式の応用で…

あっ！ なるほど！ マサノリ先生説明はわかりやすいなー！

だよな！

オレ先生のおかげでこの前90点取れたもん！

おお！ よかった！

君たち最近がんばってたからな！

授業カリキュラム 6月18日 高2クラス 要点 公式リリ… つまづきやす…

自分が授業や準備をがんばった分だけ生徒もそれに応えてくれる

だけど…

昇給の件どうですか塾長

うーん…先生はみんなこの金額なもので…

マサノリ先生塾の運営に回らないかい？

それなら給料も上がる！ マサノリ先生なら大歓迎なんだが…

俺がやりたいのは生徒に教えることなのに…

でも今の職場ではこれ以上の給料は望めない…

授業をしながら次のステージに行くには独立してフリーの先生になるしかない…！

俺はフリーの先生が多く契約している大手予備校の試験に挑戦することにした

模擬授業試験

ここがつまずきやすいポイントで…

そして面接試験

失礼します

どうぞ

では…そちらにかけてください

え?

出雲先生！？

マサノリくん久しぶりだね

フリーの先生は実力が全てだ

それはわかっているね？

実力がなければ生徒は君の授業を受けに来ない…

それでもフリーになってうちで働きたいんだねその理由を教えてほしい

はい！

より厳しい環境に身を置くことで授業力を高めたくなったからで…

そしてより多くの生徒の夢を叶える力をつけたいからです！

試験に合格し俺の人生の第2章が始まった

01

フリーの先生の1日

フリーの先生の1日

今日教える問題を確認しなきゃ

学年やクラスに合わせて教えるレベルを変えているよ

10：00
出勤

校舎に着いたら、まずは今日の授業の確認。多いときには100名ほどの生徒の前で授業をします。また、授業の合間には個別に質問を受けたり、別の日の授業の準備をしたりします。

16：00
授業

高校1〜2年生は学校の進度にある程度合わせて授業を行います。時には定期テストの対策をすることも。また、高校3年生の場合は、主に入試に向けた授業を行います。

about

フリーの先生は、中規模から大規模まで、複数の塾と契約している塾の先生です。主に中学生や高校生を対象とした授業を行っています。

☀ 朝　　　　　　☀ 昼

学校の先生の1日

8：00
出勤

職員室でほかの先生と、今日やることや、欠席・遅刻の連絡などを確認。ホームルームの前に教室に行き、生徒と雑談することも。

8：50
授業開始

担当しているクラスへ向かいます。同じ授業を、クラスの数だけ行います。教科によっては、理科室や音楽室など専門の教室で授業をすることもあります。

ちがい❶
【働く環境】

転職を行えば、より自分の希望に合った塾と契約することが可能です。

ちがい❷
【指導する内容】

勉強を教えることに専念すればよいのか、ふだんの生活の指導も行うのかを選べます。

電車で30分の校舎へ移動するよ

18:00
移動

電車などで同じ系列の塾の別校舎に移動したり、ちがう塾に行ったりします。そして夕方になると、生徒が続々とやって来て授業を再開。生徒の「わかった！」の表情はいつ見てもうれしいです。

ここがつまずきやすいポイントだな…

21:00
帰宅

帰宅はおそく、電車は混雑の少ない時間帯なので座れることがほとんど。その間にタブレットを使い、後日の授業であつかう問題を解きます。どう教えたらよいかという視点で考えます。

これで明日の準備OK！

23:30
翌日の準備

寝る前に、授業で配りたいプリントをパソコンで作ってプリントアウト。近年では、予備校によってはタブレットのみで授業を行うため、データ作成のみという塾もあります。

☾夜

12:30
昼休み

お弁当を食べます。放課後は会議などで時間がないため、生徒指導部の教員だけで会議をするときもあります。

16:00
放課後

生徒が帰ったら、提出物の確認やテストの丸つけなど、成績をつける仕事をします。部活動の顧問をしている先生は、生徒の指導に向かいます。

19:00
帰宅

おそいときには夜10時を過ぎることも。帰宅してからも、この先に行う授業の準備や、会議の資料作成を行います。

授業に専念すれば専門性を上げやすいね

ちがい❸
【指導する生徒】

自分の希望に合わせて、学年をしぼったり、幅広い世代を対象にしたりすることが可能です。

年齢で教え方がちがうよ

01 フリーの先生の1か月

／仕事の流れがわかる＼

1週目

授業の計画作り

今月から難しい単元に入ります。ここでつまずくと、今後の学習にも影響があるので、今まで以上にていねいに計画を立てます。

2週目

生徒の理解度をチェック

序盤の授業とその課題の様子を確認して、つまずいている生徒がいないか確認しながら、翌週の授業をどうするか考えます。

みんなちゃんと理解できているかな…？

3週目

授業計画の見直し

先週までの宿題の結果から、クラスの生徒が今どこでつまずきやすいかを分析して、授業で解説をします。

4週目

追加プリントの配布

難しい単元の授業も一段落。最後の応用問題の出来は人それぞれですが、生徒の志望校のレベルに合わせて、追加プリントなどでフォローします。

生徒たちの「わかった！」という姿が見られてよかった

生徒の進度確認

先月の進度も確認した上で、フォローが必要な生徒には補習を行うか考えます。復習をいいタイミングで行うのも先生の仕事です。

この単元は毎年
苦手な人が出るんだよな…
しっかり授業準備しないと！

宿題の作り直し

想定していたよりも生徒の理解度がよさそうなので、宿題プリントのレベルを少し上げて、理解度を確かめることにします。

習熟度の確認

小テストで習熟度を確認します。授業も基本の項目がひととおり終わり、応用問題の段階まできました。

けっこう小テストの
出来がいいぞ！
もっと難しい問題も
解かせてみようかな？

ふり返り

授業の報告書を書きながら、難しい単元の教え方についてよかった点・よくなかった点をチェックし、次回の授業に生かします。

\ 組織との /
ちがい

公立の学校で働く先生は、公務員という立場なので副業が禁止されています。フリーランスとして働いている場合は、ほかの職業と同様に副業が可能です。

まとめ

曜日ごとにどの校舎の、どの教室で授業するのかが決まっていて、1週間で一つのスケジュール。これを毎週くり返すのが、基本的な働き方です。

01

フリーの先生の1年

\お金の流れがわかる/

4月

前期講習
スタート

収入 ¥ ¥ ¥
支出 ¥ ¥ ¥

5月

地方へ出張

地方の高校に数日間出張して、授業をすることも。都市部は塾も複数から選べたり周囲に高い目標を持つ子が多かったりしますが、地方はそうでない場合もあるため、入試への意識づけを目的に都市の実情を説明します。

収入 ¥ ¥ ¥
支出 ¥ ¥ ¥

3月

新たな入塾生と対面！

翌月には学年が新しくなるため、3月末からは新規に参加する生徒も増えてきます。そうした生徒たちに対し、例えば「分厚い参考書を何冊も解くよりも、考え方のポイントを理解することが大切」など、どんな心構えで勉強したらよいかを伝えます。

収入 ¥ ¥ ¥
支出 ¥ ¥ ¥

2月

入試直前講習！

2月から3月にかけては、各大学が入学試験を行う時期のピーク。そのため、実際の入試問題に近い形で実践的な問題をテスト形式で行うことが多い月。個別の質問に答えたりもします。

収入 ¥ ¥ ¥
支出 ¥ ¥ ¥

1月

冬期講習の
シーズン

収入 ¥ ¥ ¥
支出 ¥ ¥ ¥

12月

年末年始は
のんびり

収入 ¥ ¥ ¥ ¥
支出 ¥ ¥ ¥

収入 … 入ってくるお金
支出 … 出ていくお金

6月

模擬試験の作成

塾には模擬試験を作る部門があり、その手伝いの依頼が来ます。
数名の先生でチームを組み、むずかしくなりすぎないよう、本番の試験に近い問題をみんなで考えます。

収入 ¥ ¥ ¥
支出 ¥ ¥ ¥

7月

夏期講習スタート

春からこの月までの昼間の授業は高卒生を対象にしていましたが、7月の後半からは高校が夏休みに入るため、朝から塾は多くの生徒でにぎわいます。

収入 ¥ ¥ ¥
支出 ¥ ¥ ¥

8月

夏期講習本番

収入 ¥ ¥ ¥ ¥
支出 ¥ ¥ ¥

9月

入試を見据えて後期講習開始

9月からは後期に入るため、前期でやり残したことがないようにフォロー。また前期で学んだことを応用できるよう、実践的な入試問題に取り組み始める月。前期と比べ後期のほうが授業を受ける側にも気合いが入り、緊張感が増していきます。

収入 ¥ ¥ ¥
支出 ¥ ¥ ¥

11月

契約更新の季節

先生は1年ごとの契約が基本なので、毎年秋から冬くらいに次年度どうするのかをたずねられます。特に問題がなければ契約は更新されることが多いため、実際には長期にわたって働く先生が多いようです。

収入 ¥ ¥ ¥
支出 ¥ ¥ ¥

10月

大学で入試問題の解説

オープンキャンパスといって、各大学が高校生を対象に見学会を行う季節。大学からの依頼を受けて、私たちのような先生が大学へ行き、その大学の入試問題を解説します。

収入 ¥ ¥ ¥
支出 ¥ ¥ ¥

収入は毎月の給料と夏と冬のボーナスの合計だけど、複数の塾で働くことで収入を上げられるよ。

02

システムエンジニア

システムエンジニアは、コンピュータにどんな仕事をさせるか、
お客さんの要望に合わせてシステムを設計する仕事。
あらゆる業種を対象に仕事を請け負う、設計・開発チームの司令塔的存在です。
プログラムの基本設計から、担当プログラマーが作業しやすい設計図作り、
完成後のチェック、修正や調整まで行い、さらに保守整備や点検を担当することも。

それから同じ業種（おなじぎょうしゅ）で転職（てんしょく）を重（かさ）ねて

収入（しゅうにゅう）も増（ふ）えていった

だが…

…じゃあお先（さき）に失礼（しつれい）します…

…おう…

先輩（せんぱい）も無理（むり）しないでください…

うん俺（おれ）は大丈夫（だいじょうぶ）

やばい…納期（のうき）に間（ま）に合（あ）わない…

あなた大丈夫（だいじょうぶ）？

うう…

俺（おれ）は激務（げきむ）がたたり体（からだ）をこわしてしまった

みんなは今（いま）ごろ働（はたら）いているのに…

…ん？

先輩（せんぱい）…？

…ランダに移住（いじゅう）しました！…らず仕事（しごと）もバリバリ…っております！

......

働き方を変えるために
数か月後に独立した

よっ…と

気になる分野の会社に
売りこみをしたり

自然言語処理の
開発が得意です！
ほかにも…

小売店の需要予測
システムなど…

よし！
動いた！

新たなサービスを
開発をしたり

収入は会社員時代の
水準を維持しつつ

ただいまー

おかえり！
早かったね

趣味を楽しみながら
自分のペースで仕事が
できるようになった

よし…今日は
この辺にしとくか

パタン

あのころ思い描いていた
キャリアとはちがっているけど
俺も一人前になれたのかな

kanamese：初案件無事終了！
週末は家族でサイクリングへ
行きました。

hikikosenpai：おつかれさま！
自分のペースで楽しんで仕事して
メモも一人前のエンジニアだね！

02 くらべてわかる
フリーシステムエンジニアの1日

フリーシステムエンジニアの1日

朝早くから働く人もいれば昼から働く人もいるよ

10:00
仕事の準備
会社員の SEとはちがって、会社への出勤はありません。自宅や、仕事専用に借りているマンションの一室で働くことが多いです。たまにカフェで仕事することもあります。

自分が興味のあるスキルを高められるのは楽しい

START

10:30
業務開始
仕事を始める時間は日によってバラバラですが、大体このくらいから始めます。飲食店や小売業など、さまざまな会社から引き受けた仕事をします。自分の得意なジャンルや、興味のある仕事を行うことが多いです。

🌅 朝　　　　　　　　　　　☀ 昼

IT会社のシステムエンジニアの1日

8:30
出勤
会社に出勤します。SE が働くIT会社は一般的に、小さくて100人、大きいと数万人という規模です。業務の開始前に仕事の準備ができるよう家を出発します。

9:00
業務開始
会社で決められた仕事を行います。システムの設計や開発をすることが多いです。自分の興味に合わせて仕事を決める…といったことはほとんどできません。

about
フリーシステムエンジニアは、お客さんに必要なシステムを提案したり、設計図どおりに動くかチェックしたりします。

ちがい❶
【 働く場所 】
好きな場所で働けます。自宅などのほか、時間単位の料金で働けるスペースを利用することも。

ちがい❷
【 働く時間 】
その日に働く時間を自分で決められます。仕事全体のスケジュールも、自分でコントロールします。

どんなシステムを作るかお客さんと一緒に決めていくよ

15:00
お客さんと会議

一緒に仕事をしているお客さんと会議を行います。オンラインで会議することが多いです。人数が多いときには10人くらいで行うこともありますが、たいてい4～5人で1時間くらい行います。

いろんな仕事を行いさまざまなスキルを身につけていくよ

17:00
別の会社の仕事

複数の依頼を同時に進めています。朝から作業をした会社の仕事が一段落したら、ほかの仕事を開始。自分のパソコンで作業するほか、仕事を依頼されている会社のノートパソコンを貸してもらえることもあります。

仕事を終える時間は日によってまちまち

20:00
業務終了

今日の仕事をふり返って、終わった作業を確認します。そして、明日やることを考えてスケジュールを決めます。また、仕事を発注してくれる人と、プロジェクトが一段落したタイミングで食事に行くこともあります。

夜

13:00
社内の会議

社内の人と会議を行います。社内の会議室で4～5人で1時間くらいということが多いです。会議の内容や会社の規模によっては、もっと多くの人数で、長時間になることも。

15:00
プログラミングに集中

会議のない時間帯はプログラムを書く仕事に集中します。バグを直したり、新しい機能を追加したりします。

18:00
業務終了

今日の作業をふり返り、終わったことや明日やることを整理します。その日にやるべきことは終えても、終業時間までは席にいなくてはならないこともあります。

スケジュールを自分で管理！

DAY 1
DAY 2
PROJECT B
PROJECT A
PROJECT C

ちがい❸

【仕事の種類】

一つの会社だけではなく、複数の会社からさまざまな種類の仕事を引き受けることが多いです。

いくつかの仕事を同時に進める！

フリーシステムエンジニアの1か月

仕事の流れがわかる

1週目

新規案件

今月から新たな仕事が始まります。今まで以上にていねいに計画を立てます。一つの仕事が終わるまでには、短いとき1か月、長いときは3〜6か月くらいかかります。

2週目

体調管理も大切

プログラミングに集中して、一気に開発を進めます。自分の体が資本なので睡眠を大切に、毎日8時間は寝ることを心がけています。

> プログラミングをしている時間がいちばん楽しいんだよな！

3週目

プログラムの修正

開発がある程度進んだら、テストに集中します。システムが動かないところが発生したら、その都度プログラムを修正します。

4週目

お客さんに納品

完成したシステムを納品したら、今月の仕事も一段落。月によって作るシステムの内容が変わります。

> お客さんに「ありがとう」と言ってもらえてよかった！

最初がいちばん大切なんだよな
しっかり計画しないと！

見通しを計画

依頼された仕事内容をきっちり理解し、スケジュールを考えます。自分がこの1か月の間に作業する量を決めるのも、仕事のうちです。

仕事量の調整

予定していたよりも開発が進んだときには、今月の開発の量を増やします。

まとめ

会社員だったころにくらべ、自分がやりたい仕事を選べるようになりました。また、働く時間も、少し減らすことができました。

よかった！
思ったとおりに
システムが動いているぞ！

最終チェック

全てのシステムが動くようになるまで、プログラムの修正とテストをくり返します。エラーがなくなって、システムが設計どおりに動いたときは楽しいと感じます。

EXCELLENT!

仕事内容のふり返り

今月の仕事をお客さんに報告します。仕事内容についてよかった点・よくなかった点を確認し、翌月の仕事に生かします。

02

フリーシステムエンジニアの1年

／ お金の流れがわかる ＼

4月

新しいプロジェクトの開始！

新しいプロジェクトが始まります。システムの仕組みや必要な機能を考えて、図にまとめます。4月は新しい年度が始まるので、システムや担当者が変わることも多く、新規案件が増える月でもあります。

収入 ¥ ¥ ¥
支出 ¥ ¥ ¥

5月

設計で頭フル回転！

収入 ¥ ¥
支出 ¥ ¥

3月

新しいプロジェクトの準備！

新しいプロジェクトの計画を立てます。スケジュール計画やメンバー集めをします。また、1年間の収支を計算して税金を納める手続きをする時期ですが、SEは経費の項目が多くないので、それほど大変ではないです。

収入 ¥ ¥ ¥
支出 ¥ ¥ ¥ ¥ ¥

2月

一緒に働く人との関係作り！

取引をする会社や一緒に仕事をする人と緊密なコミュニケーションを図ります。プロジェクトが始まる前には、働く人との関係作りが重要です。

収入 ¥ ¥ ¥
支出 ¥ ¥ ¥

1月

新年のスタートダッシュ！

新年が始まり、1年の目標を立てたり今後の取引先との計画を練ったりします。この時期はスケジュール作成が大事です。ほかの業種とくらべ、1年間を通して仕事内容に大きな変化はありません。

収入 ¥ ¥ ¥
支出 ¥ ¥ ¥ ¥

収入 … 入ってくるお金
支出 … 出ていくお金

6月

いよいよ開発スタート！

いよいよプログラムを作り始めます。コードを書いて、実際にシステムを動かす部分を作っていきます。

収入 ¥¥¥
支出 ¥¥

7月

本格的な開発を進行！

収入 ¥¥¥
支出 ¥¥

8月

テストと修正のくり返し！

開発が終わると、本格的にテストを行います。テストで見つかった問題点を直し、システムをより使いやすくするための改善も加えます。おそめの夏休みを取って、国内外を旅行することもあります。

収入 ¥¥¥¥
支出 ¥¥¥¥

9月

運用準備でばっちりサポート！

収入 ¥¥
支出 ¥¥

10月

いざリリース！システム本番投入！

作ったシステムをお客さんに提供します。初めのうちはトラブルがないか見守りをしつつ、サポートを行います。

収入 ¥¥¥
支出 ¥¥¥

11月

お客さんの声を基にシステム改善！

収入 ¥¥
支出 ¥¥

12月

1年の総まとめと来年の計画！

1年の仕事をふり返り、うまくいったことや改善が必要なことを整理します。次の年の準備も少しずつ進めます。その年の経費にするために、新しいパソコンを購入するのはこの月が多いです。

NEW PC!

収入 ¥¥¥
支出 ¥¥¥¥

キャリアプランを考えつつ、さまざまなプロジェクトに取り組んでいるよ。

03

ファッションデザイナー

自分が表現したいイメージに合わせて、
洋服や帽子、バッグなどの服飾品を作る創造的な仕事。
お客さんの好みや時代を読むセンスと共に、優れた技術も大事です。
自宅を作業場として仕事をする、ファッションデザイナーの働き方とは？

コットン

リネン

フランネル　デニム

布が好き

布が作り出す

ガーゼ　コーデュロイ

シワやひだが好き

私の服の趣味は
子どものころからはっきり
していたと思う

お母さん！　卒業式の
服はクリーム色がいいな

はいはい

ヌイちゃんが
着てる服って
いつもふわふわで
かわいいね！

うん！
こういうのが
好きなんだ

洋服好きが高じて
学生のころから服屋で
アルバイトを始めた

お客様の
雰囲気だと…
このスカートも
合いますよ

あちらの
店員さんが
着ている服を
上下セットで
ください！

すてき！

そんなある日

「秋服」…
「通販」…

んっ？

33

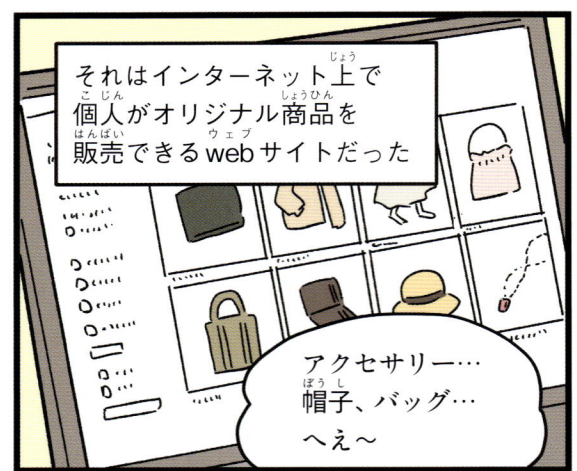

それはインターネット上で個人がオリジナル商品を販売できるwebサイトだった

アクセサリー…帽子、バッグ…へぇ〜

副業で洋服を作ってる人もいるんだ…

自分も買った服をリメイクしたり市販の型紙と布で服を作ったりしたことはあった

専門学校とか通ってないけど…

ドキドキ

私が作ったものも売れるのかな…！？

うーん…

ダダダダ…

最初はシンプルなシャツを出品した

【ホワイトシャツ】

でもえりの形がポイント…

そわそわ

そわそわ

ピロン♪

！！

売れた！

やったーっ

バタンッ

ドタンッ

ヌイッどうしたの！？

この日が始まりだった

あの日の喜びは
今でも忘れられない

1日数着の
洋服を作る

この布だと
ひだが細かく
出すぎるな…

シルエット

布地、着丈

昔のファッションを
参考にすることも

ギャザーの量や
ボタンの種類

お客さんからのカスタム
オーダーに応える

…よし！

こうしてこだわりの詰まった
世界に一着だけの服ができる

ネットを通じて遠くの人に
送り届けられる今のやり方
が私には合っている

リアル店舗を
持つ人もいるけれど

この服は
どこでだれに
着られる
のかな

私の「好き」が
世界中に広がって
いきますように

フリーファッションデザイナーの1日

くらべてわかる

フリーファッションデザイナーの1日

通勤がないので
すぐに始められる

8:30
業務開始

会社員のファッションデザイナーとはちがって、自宅で勤務することができます。自宅の一室が作業部屋。子どもを保育園に送った後に作業部屋へ行き、今日の予定を確認します。

まちがえないように
慎重に生地を裁断しないと

9:00
生地の裁断

「型紙」という洋服の設計図を基に、その日に縫う洋服の生地をていねいに裁断します。1日に2、3着作ることが多いです。お客さんの希望に合わせて、サイズやデザインを変更することも。

☀ 朝　　　　　　　　　　　　　　　　　　　　　　　　　　　　☀ 昼

メーカーのファッションデザイナーの1日

8:30
出社

会社員として勤務するファッションデザイナーは会社で勤務することが多く、その日ごとに異なる仕事があります。

9:00
打ち合わせ

企画担当の同僚と一緒に、今後作っていく洋服のデザインについて話し合いをします。みんなと意見をすり合わせながらいろいろなことを決めていきます。

about

フリーファッションデザイナーは、インターネットで手作りの洋服を自分で販売しています。洋服のデザインから縫製、ネットショップ運営まで、さまざまな仕事をします。

それぞれに
合うように考えるよ

ちがい❶
【作業の内容】

大量生産の洋服を企画する会社員とはちがい、お客さん一人ひとりのサイズや好みに合わせて1着ずつ洋服を作ります。

ホッと一息でもSNSは要チェック！

12:00
昼食

食事をとりながら、お客さんからの問い合わせに返事をします。布の種類や色などの問い合わせが多いです。お客さんの希望をよく聞いて、一人ひとりに合わせた洋服を提案します。

ここがいちばん楽しいところ！

13:00
縫製作業

午前中に裁断した洋服のパーツをミシンで縫い合わせて、商品を完成させます。1着から洋服を作ることができるので、お客さんの好みに合わせて作業できます。

半年先の季節に合わせてデザインなどを考え中

21:00
デザイン考案・型紙作り

子どものおむかえや夕食、寝かしつけを終えたら、仕事を再開。一人でデザインと型紙を作るので、いろいろ試しながら、自分が求めるシルエットができるようにがんばります。

◖夜

12:00
昼食

同僚と気分転換に外へ食事に行ったり、いそがしいときは早めにお弁当を食べたりします。さらに大変なときは、食べる時間があまりないことも。

13:00
サンプルチェック、指示

洋服のサンプルを見ながらデザインを細かくチェックしたり、そのデザインを縫製工場に指示する準備をしたりします。

17:00
退勤

退勤時間は決まっていますが、そのときの状況によって、残業することもよくあります。

ちがい❷
【 休憩と仕事は同時進行 】
休憩といっても、お客さんからの問い合わせは常に来るので、その都度早めに対応することを心がけています。

ちがい❸
【 自分のペースで仕事 】
全ての仕事を自分一人で行う分、大変なことも多い一方、自分のペースで計画を立てられるよさがあります。

子どもが寝てからがんばることも！

03 フリーファッションデザイナーの1か月

1週目

1か月の予定を立てる

今月の洋服作りやネットショップの運営の計画を立てます。初めにきちんと計画することで、スムーズに仕事を進められます。

2週目

サンプルの制作

届いた生地を使って、ネットショップに載せるためのサンプルを作ります。計画におくれが出ないよう、すばやくていねいに作業します。

お客さんは
気に入ってくれるかな？

3週目

販売ページの作成

商品ページを完成させます。商品の値段や配送の方法などを書いておき、ネットショップでもお客さんに安心して買ってもらえるようにしています。

4週目

注文品の制作

ワンピースの縫製作業を開始します。注文時のメモを見ながら、お客さんに喜んでもらえるように心をこめて作ります。

たくさん
注文が来たし
がんばるぞ！

生地を発注

今月は新作のワンピースを
お客さんにお届けしよう！

半年前に作ったデザインや型紙を基に生地を発注します。生地が売り切れてしまうこともあるので、早めに発注します。

撮影

ネットショップに載せる写真撮影を行います。生地の質感や着たときのシルエットが正しく伝わるよう、何百枚も写真を撮影します。

販売開始！

わかりやすいように
実際に着た動画も載せて
ライブ配信でも
紹介しよう！

いよいよ販売開始。お客さんからの質問に答えながら、注文を受け付けます。カスタムオーダーもあるため、まちがえないようにメモします。

商品発送

完成したものからお客さんの元へ発送します。きれいにたたんで、お手紙を入れて、郵便局から発送します。

＼ 組織との ／ ちがい

組織によっては生地の注文やネットショップの商品ページ作りなどを分担している会社もありますが、フリーではほぼ全てを自分で考えられるところが、やりがいでもあります。

まとめ

自分が好きなデザインの洋服を自分のペースで作ることができきます。いそがしい月と、そうでない月との波が大きいのは少し大変です。

03

フリーファッションデザイナーの1年

＼ お金の流れがわかる ／

4月

夏物の
コラボ商品作り！

自分では作れない帽子などの商品は、同じようにフリーで帽子を作っているデザイナーさんと話し合い、コラボ商品を作ります。

収入 ￥ ￥ ￥ ￥
支出 ￥ ￥ ￥ ￥

6月

夏物の商品の
販売開始！

早い時期から暑くなる年が増えてきたので、早めに夏物の販売を開始します。定番のデザインを、すずしく着られる生地で作ることが多いです。

収入 ￥ ￥ ￥ ￥
支出 ￥ ￥ ￥ ￥

5月

春のイベントに
出店！

収入 ￥ ￥ ￥ ￥ ￥
支出 ￥ ￥ ￥ ￥ ￥

3月

春物の商品の
販売開始

ネットショップに掲載している冬の洋服をしまって、春の洋服をどんどん掲載していきます。明るいカラーの洋服に心も躍ります。

収入 ￥ ￥ ￥ ￥
支出 ￥ ￥ ￥ ￥

1月

春夏の商品の準備が
大詰め！

春夏に販売する洋服のデザイン・型紙を最終決定します。寒い季節にもかかわらず、作業部屋は春夏の洋服でいっぱいになります。

収入 ￥ ￥ ￥
支出 ￥ ￥ ￥

2月

確定申告で
大いそがし

収入 ￥ ￥
支出 ￥ ￥ ￥

収入 … 入ってくるお金
支出 … 出ていくお金

7月

あき もの じゅん び
秋物の準備をしながら
なつ もの せい さく
夏物の製作

しゅうにゅう
収入 ¥ ¥ ¥ ¥ ¥
し しゅつ
支出 ¥ ¥ ¥ ¥ ¥

8月

はる なつ しょうひん はん ばい
春夏の商品の販売は
ひと く ぎ
一区切り!

せい さく お つ き
製作が落ち着いている期
かん あきふゆ じゅん び
間なので、秋冬の準備をど
すす とく
んどん進めます。特にデザ
あつ ま ふゆ
インでは、暑い8月に真冬
ようふく かんが
の洋服を考えます。

しゅうにゅう
収入 ¥ ¥
し しゅつ
支出 ¥ ¥

10月

あき しゅってん
秋のイベントに出店

はる つづ あき
春に続いて、秋もショッピングモー
しゅってん
ルでのイベントに出店します。フリ
とも
ーのデザイナーの友だちと共同で、
かいさい
イベントを開催することも。

しゅうにゅう
収入 ¥ ¥ ¥ ¥
し しゅつ
支出 ¥ ¥ ¥ ¥

FASHION EVENT

9月

あきもの しょうひん
秋物の商品の
はんばいかい し
販売開始!

あき ふゆ き じ しゅるい
秋から冬にかけて、生地の種類
か
も変わってくるので、この時期の
せいさく さぎょうべ や ゆか
製作では作業部屋の床がモコモ
せん い
コした繊維でいっぱいになります。

しゅうにゅう
収入 ¥ ¥ ¥ ¥ ¥
し しゅつ
支出 ¥ ¥ ¥ ¥ ¥

12月

ねん かえ
1年のふり返り

しょうひん にん き
どんな商品が人気だったかなどを
かえ よくねん しょうひん かんが はじ
ふり返り、翌年の商品を考え始め
けいさい
ます。ネットショップに掲載してい
ないよう び ちょうせい
る内容の微調整もします。

しゅうにゅう
収入 ¥ ¥ ¥
し しゅつ
支出 ¥ ¥

11月

ふゆもの しょうひん
冬物の商品の
はんばいかい し
販売開始!

しゅうにゅう
収入 ¥ ¥ ¥ ¥
し しゅつ
支出 ¥ ¥ ¥ ¥

ふく う だい じ
どんな服を売るかも大事だ
う
けど、どこでどう売るか考
だい じ
えるのも大事!

04

パティシエ

みんなに好まれる洋菓子を生み出すパティシエは、
オリジナリティあふれる商品を考える創造力とセンスが必要です。
働く場所も、洋菓子店、ホテル、レストランやカフェなどさまざま！
独立して自分のお店を開店した、パティシエの働き方を見てみましょう。

お菓子を食べるのが好き
作るのも好き

焼けたよー！
どうぞ！

おいしー！
コムギちゃんの
作るお菓子は
プロレベルだよ！

そんなことないよ〜

でもそれを仕事にしようと
思ったことはなかった

大人になったら
会社員になるのが
当たり前だと
思っていたから

書類
できてる？

はい！

今週の
おすすめ
スイーツ！

それに自分の腕前程度で
パティシエになれるとは
思っていなかった
から

でもお菓子作りは
続けてきた

ママ友さんに
プレゼントしたり

すごーい

コムギさんが
これ作ったの！？

地元のマルシェに
参加したり

ありがとう
ございまーす

ある日行きつけの
コーヒー屋さんで

コムギさん

私ね独立しようと
考えてるんだけど…

コムギさん
私の店で
お菓子
売らない？

えっ！？

一緒に独立をしてから
私はしばらくメニュー
作りに打ちこんだ

う〜ん…

そんな…私なんか
無理だよ！

あなたの作る
お菓子はプロレベル
だよ！
センスもいいし

一緒にやろう

材料代・賞味期限…
趣味とちがって仕事としての
お菓子作りは考えないと
いけないことがいろいろあるな

…でも楽しい

そして待望のオープン！

わー
すてきな店！

季節限定フルーツ
タルトだって！ これにしよ

スコーン
焼き上がり
ました！

ん〜おいしい！

このタルト
コーヒーと
めっちゃ
合いますね！

ありがとう
ございます

生活はガラッと
変わったけど…
私は今がいちばん
充実しています

04

開業したパティシエの1日

くらべてわかる

開業したパティシエの1日

開業したパティシエの1日

市場で果物を
あつかっている友人から
安くてよいものを
仕入れているよ！

8：00

作業開始

生クリームやバターなどの乳製品や季節のフルーツなど、契約している配送業者さんから届いた材料を確認します。今日作るケーキやお菓子のリストを確認します。

ここからは接客作業！
いつも笑顔を心がけよう！

9：00

開店

お店の中で食べられるカフェスペースがあり、そこで提供するための軽食メニューの準備をします。生クリームを泡立てたり、プリンを焼いたりします。

☀ 朝　　　　　　　　　　　　　　　　　　　　　　　　　　　　☀ 昼

ホテルのパティシエの1日

8：00

ホテル到着

制服に着がえて、本社から送られてくる材料や道具を準備したら、チームで今日の流れを確認します。チーム内で生地作り・焼き上げ・仕上げ・販売と工程ごとに担当が分かれています。

10：00

焼き作業

生地作りをしつつ、できたものから順番に焼き作業に入っていきます。各担当のパティシエと協力しながら作業を行うことが大切です。

about

開業したパティシエは、アイデアを生かしてお菓子作りをします。安全性や衛生面の知識を学び、資格を取得することも。

ちがい❶

【 メニューの内容 】

開業したパティシエは自分でお菓子のアイデアを考えるが、ホテル勤務の場合は先輩の指示を守る。

今月は、どんな
お菓子にしよう

いそがしくなる前に自分のお昼ご飯はサッと食べちゃおう

11:00
休憩

お昼からはランチのお客さんでいそがしくなるため、その前におにぎりなど、サッと昼食を食べます。独立してから半年が過ぎたころ、手伝ってくれる正社員を雇うことができ、少し余裕が持てるようになりました。

毎日作り立てのお菓子を提供するため事前の仕込みも大切だよ

14:00
作業再開

タルトの生地などスイーツには冷凍できるものも多いので、作り置きできるメニューをまとめて作ります。日によって作るものは異なり、焼き菓子を焼くこともあります。

閉店の準備は翌日の開店準備でもあるよ

16:30
閉店準備

調理器具を洗ったり冷蔵庫やオーブンなどのふき掃除をしたり、後片付けに入ります。人気のプリンの仕込みをして翌日のために冷蔵庫で冷やし、ホールの清掃も終えたら退店します。

☾夜

11:00
開店

できあがったスイーツは、お店のショーケースに並べます。また宴会やバイキング会場用のスイーツは、仕上げの手前の段階まで準備しておきます。

15:00
休憩

作業が落ち着いたら休憩をします。ランチタイムはいそがしいので、少しおそくなることが多いです。仲間とおしゃべりしながらお昼ご飯を食べます。

17:00
終業

早番と遅番のシフト制で働きます。子どもがいる人の場合は、早番で働く人もいます。帰宅したら家事をしたり、家族で夜ご飯を食べたり、ゆっくり過ごします。

金銭管理は苦手だけど大切な仕事！

ちがい❷
【自己完結型】
開業したパティシエは、入荷・レシピ・仕込み・焼成・装飾・販売・経費計算まで自分で行います。

ちがい❸
【働く時間】
ホテル勤務のパティシエは決まった時間に働きますが、開業したパティシエは自分で時間を決めます。

開業したパティシエの1か月

仕事の流れがわかる

1週目

新メニュー登場！

月の初めに新しいお菓子をお店に並べ、お客さんに提供します。新メニューのアイデアは、お寿司屋さんなど、スイーツ店ではない飲食店からヒントを得ることもあります。

2週目

メニューの調整

人気の商品を増やしたり、売れないものは少なくしたりして、メニューを調整します。自分の感覚で工夫ができ、臨機応変にメニュー変更できるのは、自分のお店ならではです。

今月はこのケーキの
売れ行きがいいみたい！

3週目

来月の新メニュー考案

来月に出す新しいお菓子を考えて、どんな食材を使うか計画を立てます。春はイチゴ、秋はブドウなど、季節に合わせた素材を使うことが基本となります。

4週目

試行錯誤は続く

新メニューに向けて、材料の下準備や仕込みを進めます。甘さの度合いを変えてみるなど、お客さんに提供するギリギリまで、試行錯誤は続きます。

もう少し甘さをおさえて
素材の味を前面に
出してみようか…？

ホテル勤めのパティシエは、決まった仕事を確実に行うことが主な仕事ですが、開業したパティシエは、収支計算や在庫管理など、さまざまな仕事をします。

売り切れ注意！

新メニューの売れ行きを確認し、仕入れを調整します。人気が出たお菓子に必要な材料を追加で仕入れて、売り切れてしまわないようにします。

> コース料理の最後に
> こんなメニューを出すのか…
> よし取り入れてみよう！

人気メニューの仕込み

注文が増えている商品をすぐに作れるよう、メニューに合わせて前日や当日にしっかりと仕込みをしておきます。

開業したパティシエは、新メニューを考案することも大切な仕事です。味だけでなく、季節の材料や調理時間、材料費や販売価格とのバランスを考えることも重要です。

新しい材料を手配

来月の新メニューのために試作を重ね、レシピが決まったら必要な材料を手配し、準備を進めます。

> もうすぐ春だから
> イチゴに桜を合わせた
> ケーキはどうかしら？

新メニューの最終調整

新しいメニューが予定どおり作れるか、最終的な試作や調整を行います。長時間考えてできあがったもののほうが、お客さんに喜んでもらえることが多いと感じます。

開業したパティシエの一年

/ お金の流れがわかる \

3月

二つの行事を乗りこえる！

ひな祭りのケーキとホワイトデーの焼き菓子を作ります。イチゴを使ったケーキのシーズンが始まり、また春らしく桜にちなんだお菓子も作ります。

収入 ¥ ¥ ¥ ¥
支出 ¥ ¥ ¥

4月

入学式シーズンはイチゴの季節！

桜のお菓子を引き続き販売しつつ、イチゴを使った商品もこの月がいちばん売れます。入学や進級のプレゼント用に高級な焼き菓子を作りながら、来月のこどもの日のケーキの予約を受けます。

収入 ¥ ¥ ¥ ¥
支出 ¥ ¥ ¥

2月

バレンタイン商戦！

バレンタインに合わせたチョコレートやスイーツを販売します。ケーキにメッセージを書いてほしいという人も多いので、メッセージを確認してから包装するなど、細かい気づかいが必要になります。

収入 ¥ ¥ ¥
支出 ¥ ¥

12月

クリスマスで大いそがし！

クリスマスに向けた特別なお菓子を作り、多くの注文に応えます。この月は大いそがし！ ふだんよりも多いスタッフでケーキをたくさん作ります。収入も増えるけど、材料と人件費で支出も増えます。

収入 ¥ ¥ ¥ ¥ ¥
支出 ¥ ¥ ¥ ¥

1月

のんびり過ごすお正月

収入 ¥ ¥
支出 ¥ ¥

収入 …入ってくるお金
支出 …出ていくお金

5月

GW、こどもの日、
母の日で3連続行事！

収入 ¥ ¥ ¥ ¥
支出 ¥ ¥ ¥

7月

夏に向けて
新作メニュー考案！

夏は甘いケーキよりさっぱりしたゼリーなどのお菓子が売れるので、新作のさっぱりスイーツを制作します。また、モモなどのフルーツを使ったかき氷を作って、お客さんに提供します。

収入 ¥ ¥ ¥ ¥
支出 ¥ ¥ ¥

6月

オーダーメイドの
ウエディングケーキ制作！

6月はジューンブライドといって、結婚式の季節です。ウエディングケーキを依頼される場面も増えます。また暑くなり始めるので、カフェではかき氷の販売をスタートします。

収入 ¥ ¥ ¥
支出 ¥ ¥ ¥

8月

なんといってもかき氷の季節！

かき氷の人気が続くので、さらにたくさん作ります。マンゴーを使ったかき氷も登場します。

収入 ¥ ¥ ¥ ¥
支出 ¥ ¥ ¥

11月

七五三のケーキが
売れる！

収入 ¥ ¥ ¥
支出 ¥ ¥

10月

秋はモンブランが人気！

暑い季節が一段落し来客数が増えるので、店内で食べてもらうスイーツが充実し始めます。毎年人気のモンブランを作ります。

収入 ¥ ¥ ¥ ¥ ¥
支出 ¥ ¥ ¥ ¥

9月

秋の新作ケーキ
考案！

収入 ¥ ¥ ¥
支出 ¥ ¥

お客さんの反応を直接見られるので、工夫しながらお菓子を作っているよ。

05

弁護士

裁判を通じて、依頼人の法律上の権利や利益、人権を守る法律のスペシャリスト。
弁護士になるには、検察官や裁判官のように、司法試験に合格する必要があります。
裁判所で民事（私権を守る）、刑事（公権発動）の訴訟事件の処理のほか、
会社に依頼され商売上の事故処理や外国との交渉などが主な仕事です。

取材協力……丸山 和也（弁護士法人丸山総合法律事務所）

小さなころから
遠くの世界にあこがれていた

あの山の向こうには
どんな世界が
広がっているんだろう

「都会に出たい」
という思いで
猛勉強

努力が実り
日本トップレベルの
大学の法学部に入学

カズヤは卒業したら
どうするか
考えてるか？

俺？
そうだな〜…

国家公務員も
いいけど…
やっぱり
弁護士かな！

人の役に立つ仕事が
したいし…
（あと給料もよさそう）

そんな軽い気持ちで
決めたものの

司法試験の
難しさは
並ではなく…

くそー
落ちた！
来年こそ…

ようやく合格した時には27歳になっていた

やっと受かった…

司法修習生を経て法律事務所で働き始めたが…

カズヤくん書類まとめといて

はい

裁判所急ぐよ！

はい！

なんだろう…

これはこれで充実してるけど…

若いうちに…俺はもっと広い世界を見てみたい…！

ザワッ

そうして俺はお世話になった事務所を退職することに

日本とは法意識が全然ちがうな…

海外のロースクールで2年間学んだ

帰国後、海外案件に強い大手の法律事務所の面接を受けたが…

え？

話を聞くとあなたは一つの会社に留まるよりも強い独立心を生かすべきだ

うちに勤めるより一人でやってみたほうがいいんじゃないか？

確かに…

独立した今
事務所にやってくる
顧客はさまざまだ

会社同士の
大きな案件

離婚協議などの
個人の案件も
ある

海外との
やり取りも
あれば

専門性を高めたり
割のいい案件だけを
受けたほうが収益が
増えるかも
しれないけど…

今のところ
この感じが
俺には合っている

どんな案件でも

カズヤ先生に担当して
もらってよかったです！

そんな言葉がうれしいし

自分が力になれる場所
そしてまだ知らない場所が
世界中にあることがうれしい

もしもし…

えっ！？
海外出張の
案件ですか？

もちろん
お受けします！

も〜
カズヤ
先生は〜

これからも自分の
世界を広げていく

05

くらべてわかる

開業した弁護士の1日

56

about

開業した弁護士は、裁判を通じて依頼人の権利や利益、人権を守る仕事。相続問題や交通事故の慰謝料など、依頼人のさまざまな相談に応じます。

開業した弁護士の1日

今日はどんな依頼に取り組むか確認しよう

10:00 出勤

事務所に着いたらまずは相談に来る方や、依頼人との打ち合わせ、裁判の予定など1日のスケジュールを確認します。優先順位を決め、急ぐ必要のあるメールには、すぐに返信します。

依頼人の話を聞くときはじっくりと

11:00 相談対応

毎日ではありませんが、新規で事務所に来所する人の相談対応をします。12時からは昼食をとり、1時間ほど休憩します。予定が立てこんでいる場合には、外出した先で食事をすることも。

🌅 朝　　　☀ 昼

事務所勤務の弁護士の1日

10:00 出勤

弁護士事務所の過半数が一人事務所で、いわば自営業ですが4、5人が所属する事務所や、300〜400人が所属する大きな事務所もあります。出勤後は1日のスケジュールを確認します。

11:00 所内ミーティング（勉強会）に参加

所内ミーティングや勉強会に参加し、ほかの弁護士の案件対応状況の確認や、知識の共有をします。12時からはオフィスで昼食をとり、1時間ほど休憩します。

ちがい❶ 【勉強会の有無】

弁護士は常に勉強が必要ですが、開業した弁護士の場合、事務所であるような勉強会はなく、自分で勉強します。

ちがい❷ 【働く場所】

開業して働く場合、自分の家など、どこでも仕事を進めることが可能です。事務所などに行く必要はありません。

裁判所には
さまざまな争いごとが
持ちこまれているよ

被疑者は罪を犯した疑いの
ある人で犯罪者と
決まったわけではありません

たくさんの書類を
書く必要があるんだ

14：00
裁判期日対応

裁判所に出頭します。内容は、例えば家族関係では離婚調停や遺産相続など、それ以外では不動産取引にまつわるものや交通事故の裁判も。これらの裁判期日に合わせた対応をし、終了後は依頼人に裁判の内容を伝えます。

15：30
接見対応

窃盗や傷害など、刑事事件で警察署に身柄を拘束されている被疑者（依頼人）との接見に行き、警察による取り調べの状況を確認。犯罪を行ったことを認めるのか、一部だけを認めるのかなど、弁護の方針のアドバイスをします。

18：00
翌日の対応の準備

事務所にもどって翌日の準備。再び裁判が行われる2週間ほど前には、裁判所に出す必要がある「主張書面（依頼人が今後どのような主張をするのかを記した書類）」を作ります。

☾夜

14：00
裁判期日対応

裁判所に出頭し、裁判期日の対応を行います。裁判終了後、依頼人に裁判の内容を報告し、次回期日をスケジュールに記録します。

15：30
接見対応

開業した弁護士と同じように、刑事事件で警察署に身柄を拘束されている被疑者（依頼人）と接見。弁護の方針をアドバイスします。毎日ではありませんが、新規で来所する人の相談対応もします。

17：00
翌日の対応の準備

事務所にもどり、翌日の準備。基本的に事務所勤務とフリーランスの仕事内容は同じですが、事務所勤めの場合は会社の方針に沿って仕事をする必要があり、給料も毎月の額が決まっています。

自分が受けたい案件だけを
受けることもできるよ

ちがい❸
【勤務時間】

事務所勤務の場合、一定の時間は事務所にいる必要があります。しかし開業した場合、その必要はありません。

働く時間を
自分で決められるんだ

開業した弁護士の1か月

仕事の流れがわかる

1週目

新しい案件を受ける

新しい相談の場合、内容をくわしく聞いて、この後の方針や見通し、リスク、想定される展開、おおよその費用などを依頼人に伝えます。

2週目

書類の作成、依頼人への確認

弁護士同士で話し合いを進める交渉事件、形式に合った書類の提出が必要な裁判事件と、いずれの場合もまずは相手方や裁判所に提出する書類を作ります。

書類にまちがいはないかな…？

3週目

相手方との交渉

損害賠償請求など、相手方と交渉して解決を目指す事件のときは、通知書に対してしめきりまでに相手方の反応がなければ、電話で交渉を行います。

4週目

合意書の作成、初回期日の決定

交渉事件の場合、相手方との話し合いがまとまれば合意書を作成し、合意書どおりに約束が実行されれば、案件は解決となります。

交渉で解決しない場合は裁判で争うことになるよ

それは大変でしたね…

打ち合わせ

解決に向かってどう進めていけばよいのか、そして、そのやり方が依頼人の気持ちを大切にできているかを確認し、対応を始めます。

細部までチェック

作成した書類は依頼者に確認してもらい、裁判所に送ります。税理士・社会保険労務士・司法書士など、「士業」と呼ばれる資格を持つ人と協力して仕事を行うこともあります。

交渉事件と
裁判事件では
進め方がちがうんだ

裁判所による書類審査

その一方、正式な書類を出さなくてはならない裁判事件の場合は、裁判所による書類の審査（形式的な部分でミスがないか）が行われます。

裁判事件は長い!?

その一方、裁判事件の場合、書類の審査に問題がなければ、最初の裁判の日が決められます。裁判は2か月ほどで終わることもあれば、2年以上かかることもあります。

05

お金の流れがわかる

開業した弁護士の1年

6月

会社からの仕事が1年で最も多くなる

多くの会社の定時株主総会が6月末に開催されることから、会社の業務が1年でいちばん多い月です。

収入 ￥￥￥￥
支出 ￥￥￥

5月

会社から依頼される仕事が増えてくる

会社の定時株主総会は6月に開催されることが多いので、その準備をします。株主に対して、総会での議題や役員の変更、決算書類や会社の今後の展望などが書かれた招集通知を作成します。また総会の運営そのものに関する会議など、会社関係の仕事が増えてきます。

収入 ￥￥￥￥
支出 ￥￥￥

4月

新年度をむかえ初心に帰る

弁護士同士でお花見を行い、依頼者のためにがんばろうと、気持ちを新たにします。進学や就職などの新しい年度になる月でもあり、社会の動きに合わせて契約内容などに関するトラブルも起こりやすくなります。

収入 ￥￥￥￥
支出 ￥￥￥

2月

案件の依頼が増えてくる

静かな年始から日にちがたち、警察が事件を捜査した刑事事件や、当事者が言い分を争う民事事件など、案件の依頼が増えてくる時期です。

収入 ￥￥￥￥
支出 ￥￥￥

3月

裁判官の異動にともない、裁判事件が比較的解決しやすい月

収入 ￥￥￥￥￥
支出 ￥￥￥

1月

比較的のんびりできる

収入 ￥￥￥
支出 ￥￥￥

収入 …入ってくるお金
支出 …出ていくお金

7月

刑事事件が多い

夏になり外に出る人が増えるせいか、7月から9月は刑事事件が多くなる時期です。逮捕された被疑者に会うために警察署へ行く回数が増えます。

収入 ¥¥¥
支出 ¥¥¥

8月

裁判所の休廷により裁判所に行くことが減る

収入 ¥¥¥
支出 ¥¥¥

9月

裁判事件の動きがあわただしくなる

裁判所の休廷が明け、裁判事件の動きがあわただしくなる月です。裁判所であつかわれる代表的な事件は、民事事件、刑事事件、少年事件など。例えば刑事事件の場合は事件の捜査を行って逮捕状を取り、被疑者を逮捕した警察や検察などの国の機関が訴えを起こすので弁護士の対応も増えます。

収入 ¥¥¥¥
支出 ¥¥¥

11月

裁判所による和解勧試が多くなる

年末まで残り2か月となり、12月に和解できることを見こしてか、裁判官から当事者同士に対して「和解するのはどうですか?」とすすめる行動、和解勧試が多くなる月です。

収入 ¥¥¥¥
支出 ¥¥¥

12月

事件の解決が最も多い月

新年は紛争をかかえない状況でむかえたいという人が多くなるのか、1年で最も案件が終わりやすい、つまり解決に進みやすい時期です。

収入 ¥¥¥¥¥
支出 ¥¥¥

10月

刑事事件の発生件数も落ち着き、全体的に依頼件数が減ってくる

収入 ¥¥¥¥
支出 ¥¥¥

裁判所や会社の忙しい時期に、弁護士も忙しくなることが多いよ。

61

06

アナウンサー

テレビ局の顔ともいえる存在です。情報を伝えるだけでなく、
時にはタレントのような仕事をすることもあります。
伝わりやすい話し方や言葉づかいに加えて、
知性・教養はもちろん、世の中の動きをとらえる力も大切です。
いろいろなテレビ局で仕事をするフリーアナウンサーとして働く人もたくさんいます。

取材協力…宇賀なつみ

次は先日
オープンした
レストランの
ご紹介です！

ふふ…

さて

新幹線が着くまでに
メールの返信と
エッセイの原稿の
チェックもしなきゃ…

私の仕事は
フリーアナウンサー

子どものころから
しゃべったり、人に何か
伝えたりすることが好きだった

小学校のころは
新聞係で放送委員

アナウンサー試験は
とんでもない高倍率
だったけど

みんな賢そうだし
発声上手〜！！

やった!!

二社目に受けた
テレビ局から
内定が出た

入社1年目に
気象キャスターデビュー

明日の
東京の
天気は…

数年後
スポーツキャスター
を担当

ニュースレポーターや
解説番組のアシスタント、
バラエティのMCも…

日本と海外では
なぜ違うんですか?

ニュース
そこが知りたい

それは
ですね…!

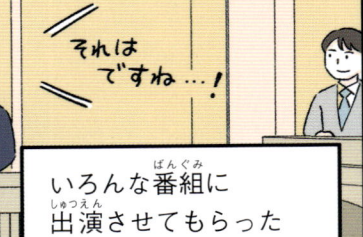

いろんな番組に
出演させてもらった

ナツミは
同期の
星だよね〜!

え〜?

出てる番組
どれも好調
じゃん!

あ、明日
3時起きだから
先帰るね

え〜

おつかれ〜

そうなのかな?

分刻みの
スケジュール

ここは
あいづちを
うって…

話す内容もあらかじめ
決められている

不満というほど
じゃないけど…
でも…

ずっとこういう日々が
続くのかな…

わあ

転機が訪れたのは
プライベートで旅行した
ベトナムだった

ここでは人も犬もマイペースに暮らしている

周りからどう見えるか関係なく…私も…素直に生きたい

そうして私はフリーになることを決めた

フリーランスになってからの仕事は多岐にわたる

これまでのようなニュースキャスター…のほか

本の紹介

ラジオMC

旅行のエッセイ

グッズコラボ

たくさん入る！

仕事を受けるときに大事にしてるのは"心がときめくかどうか"

よし！チェック完了！

営業や経理も自分で行うのは大変なときもあるけれど"全てが取材"と思えば楽しめる

はい！あと15分で現場入ります

今日も私は仕事に向かう

より"私らしく伝える"ために——

ナツミさん準備できました！本番入りまーす！

フリーアナウンサーの1日

くらべてわかる

フリーアナウンサーの1日

集中できる時間に
事務作業を済ませよう！

9:00

デスクワーク

朝がいちばん集中できるので、執筆や原稿チェック、メールのやりとりやお金の管理業務などを済ませます。日によって30分だったり2時間だったりします。こうした細かい業務はためずに、すぐ対応するようにしています。

今日の現場は
どんな雰囲気かな？

12:00

現場入り

アナウンサーとしての仕事は、基本的にリモートではできません。テレビやラジオの収録、イベントの司会の場合、現場に入ってから、ヘアメイクや打ち合わせ、リハーサルなどの準備をします。

☀ 朝　　　　　　　　　　☀ 昼

テレビ局のアナウンサーの1日

5:30

出社

朝の番組の担当になると、暗いうちに起きて出社します。まずヘアメイクをして、打ち合わせ。その間に新聞やネットでニュースをチェックします。8時からの本番に向けて、全員で集中します。

8:00

本番

生放送がスタート。2時間の本番はあっという間です。さまざまなニュースを伝えたり、意見を求められたり、一瞬一瞬が真剣勝負です。

about

フリーアナウンサーは、テレビ番組の進行、講演会やイベントの司会など、個性を生かして働きます。

他局に行くのは
不思議な感じ

TV STATION

ちがい❶

【働く場所】

テレビ局に勤める場合、基本的に毎日出社しますが、フリーランスになると毎回現場が異なります。

緊張感を持って カメラの前に 立つことが大事！

15：00
本番

どんな仕事内容かにもよりますが、本番がスタートしたら一気に集中します。人前に立つのはいまだに緊張感がありますが、いちばん好きな時間は「本番」です。

今日の自分の仕事ぶりはどうだったかな？

19：00
反省会

現場の仕事は、早ければ数時間、長いと1日中かかります。フリーランスの場合、上司や先輩はいないので、終わった後は自分で反省会をします。周りのスタッフと雑談することもあります。

手書きの日記も大事な資料！

21：00
日記

小学生のころから続けている習慣で、今日あった出来事や感じたこと、気づいたことをメモして今後に生かします。これがあることで、この日自分が何をしていたのか、何を感じたかを思い出せます。

☽ 夜

10：00
反省会

出演者やスタッフで反省会をします。毎日の反省を翌日の放送に生かすためです。
いつも同じスタッフと仕事をするので、日々のコミュニケーションが大切です。

11：00
ロケ（ロケーション）

放送後は外での撮影に出ることもあります。北海道から九州までは日帰り圏内です。新幹線や飛行機で移動し5時間ほど取材をして、東京にもどります。たくさんの人に出会い、たくさんの場所を訪れます。

20：00
帰宅

何もなければ昼過ぎに帰れることもありますが、ロケや収録が入ると、帰宅は夜おそくなります。

ちがい❷
【仕事相手】

フリーランスになると、現場ごとに一緒に働く仲間や相手が変わります。

ちがい❸
【仕事内容】

フリーランスはタレントとしての役割も加わり、自分の話や、意見を言うことが増えます。

情報以外のことも 伝えます

フリーアナウンサーの1か月

仕事の流れがわかる

1週目

雑誌の取材受け

取材をするだけではなく、されることも多いです。できるだけ日程をまとめて受けるようにしています。

2週目

会社のイベントの司会

周年イベントや就任パーティーなど、さまざまな会社のイベントの司会をしています。ドレスやスーツを着て司会をすることが多いです。

仕事先の方とは
名刺を直接交換
するよ

3週目

テレビ収録

レギュラー番組の収録が定期的にありますが、ゲスト出演することもあります。スケジュール調整や衣装の発注まで、全て自分で行います。

4週目

旅行

最終週はなるべく連休を作って旅をするようにしています。世界を知ること、自分なりの考えを持つことがまた次の仕事につながるし、旅の連載のための取材でもあります。

旅先の出来事を
メモしておくと
後で原稿を書くときに
役立つよ

フリーランスになってから
「私はこう思います」と
自分の意見を言う機会が
増えたよ

大阪のレギュラー番組

週末は大阪に移動し、朝の生放送番組に出演します。

地方ロケ

地方ロケに出ます。日本全国を飛び回ります。朝早いロケの場合は、前の日から泊まることもあります。

仕事の予定を
立てることは
旅の予定を組むのと
似ているかも

講演会

大学やイベントで講演をします。資料は用意せずに、いつもマイク一本で臨むようにしています。

事務作業

帰ってきたら、たまっていたお金の手続きなどの事務作業をします。月末は請求や支払いも多くなります。

組織とのちがい

テレビ局勤めのアナウンサーは、情報を伝えることがメインですが、フリーアナウンサーは、講演会や商品プロデュースなど、仕事の幅が大きく広がります。

まとめ

テレビ局勤めのアナウンサーにくらべ、仕事内容も休日の予定も、全て自分で決めることができます。休日の旅先で得た知識や経験が、仕事に生かされることもあります。

06

フリーアナウンサーの一年

/ お金の流れがわかる \

5月

春のイベントで大いそがし！

GWのような大型連休も、フリーランスには関係ありません。レギュラー番組はもちろん、イベントの司会も増えます。みんなが休んでいるときにたくさん働き、みんなが働いているときにたくさん休むようにしています。

収入 ¥ ¥ ¥ ¥ ¥
支出 ¥ ¥ ¥ ¥

4月

春夏用の衣装を準備

暖かくなってきて、春夏用の衣装を買う時期。新年度は、心機一転またがんばろうと気持ちを新たにします。

収入 ¥ ¥ ¥ ¥
支出 ¥ ¥ ¥ ¥

3月

会社のイベントの司会やロケ

年度末は、新商品発表会など会社のイベントが多い時期です。行楽シーズンに向けて、野外での撮影も増えます。自分の会社の収支計算もあり、お金の管理や資料集めに追われていそがしいです。

収入 ¥ ¥ ¥ ¥
支出 ¥ ¥ ¥

2月

番組の変更情報は大事！

番組編成・出演者・スポンサーなどの変更についての情報が飛び交う時期です。レギュラー番組の継続が決まるかどうかは、フリーアナウンサーにとっても重要です。

収入 ¥ ¥ ¥ ¥
支出 ¥ ¥ ¥ ¥

1月

年始のごあいさつ回り

仕事始めはゆっくりです。年始のイベントなどが増えて、お着物を着る機会もあります。新年度に向けてのオファーが届くのもこのころ。年始のごあいさつとして、手土産を持参することもあります。

収入 ¥ ¥ ¥ ¥
支出 ¥ ¥ ¥ ¥

収入 …入ってくるお金
支出 …出ていくお金

70

6月

少しゆっくりできる
誕生月

収入 ¥ ¥
支出 ¥ ¥ ¥

7月

ロケも多いから
日焼けに注意！

収入 ¥ ¥ ¥
支出 ¥ ¥ ¥ ¥

8月

仕事もしながら夏休みを満喫！

世間が夏休みなので、イベントなどが減ります。レギュラー番組の収録を除いて、あまり単発の仕事が入ってこない月です。私も夏休みを満喫します！

収入 ¥ ¥ ¥
支出 ¥ ¥ ¥ ¥ ¥

9月

ロケや
出張が増える季節

収入 ¥ ¥ ¥ ¥
支出 ¥ ¥ ¥ ¥

10月

まだまだ続く
行楽シーズンロケ

収入 ¥ ¥ ¥ ¥
支出 ¥ ¥ ¥ ¥

11月

年末の特別番組の
撮影開始！

年末に向けて、特別番組の収録やロケが増えてきます。お正月の分まで撮りためるので、かなり早めに動き出します。

収入 ¥ ¥ ¥ ¥
支出 ¥ ¥ ¥

12月

特別番組などいちばんいそがしい月！

年末年始の特別番組はもちろん、イベントも増える時期です。1年で最もいそがしい月です。また、年末のごあいさつとして、贈り物をすることも多いです。

収入 ¥ ¥ ¥ ¥ ¥
支出 ¥ ¥ ¥ ¥

仕事も趣味もどちらも大切にしながら、私らしく働いているよ。

07

美容師
<small>びようし</small>

髪の毛のカット、セット、カラーリング、パーマなど、髪の毛のお手入れ全般を行う仕事で、
美容師免許という国家資格が必要です。流行を敏感に察知して反映できる技術力だけでなく、
会話を通じてお客さんの希望を聞き出すコミュニケーション能力もとても大切。
美容室によってはメイク、ネイル、着付けなどのサービスを行うこともあります。

中学生のとき
初めて行った
美容院

どうかな？

〈BEFORE〉

スッゲ～！

そのときの感動から
俺は美容師になった

今の店では副店長を
任せてもらっている

いかがですか？

うん
バッチリ！

やっぱり
タツヤさん
腕いいわ～！

給料も上がり
技術もほめて
もらえることが増えた

タツヤさーん
聞いてくださいよー

でも最近は
悩みもある…

店長がまた研修入れてきたんですよ！
オレ全然休めてないんす！

グチ
給料も低いし店長はえこひいきするし
もうオレやめたくて〜
グチ

それは人間関係

う〜ん…そうだな
俺から店長に言っておくよ

アザッス!!

それにしても最近の若い子ってダメね
向上心がなくって

カタカタ

ハハ…

ちょっと注意するとすねるし…あなたからもしかっておいてよ

副店長の俺は若手と店長の板ばさみになることが多かった

そういえばタツヤ

はい

一人のお客に時間かけすぎ
こったスタイリングとかやらずにサクサク回していってほしいかな

…はい

チョキ…
チョキ…

チョキ

この店には恩がある…

でもずっとここでやっていくことが俺のやりたかったことなのかな…

チョキ

俺のやりたかったこと…か…

一年後
俺は店を辞めて
独立することにした

タツヤさんが
いなくなるの
さびしいっすよ！

あなたには新店の
店長を任せたかった
けど…でもタツヤの
選択だからね

応援してる
わよ！

はい！

今まで
ありがとう
ございました！

俺が始めた店は小さく
一日に接客できる人数も
少ない

でも自分の
納得いく
スタイリングが
できるし

いかが
ですか？

うん！

人間関係のストレスを感じずに
集中していい仕事ができる

やっぱり
タツヤさんの
カットは
最高ね！

ありがとう
ございます！

この規模感だから
お客さんを
満足させられるんだ

07

くらべてわかる

開業した美容師の1日

about

開業した美容師は、お客さんの理想に合わせ、ヘアスタイルを提供します。自分のファンになってもらえるよう、日々技術をみがいています。

開業した美容師の1日

> 店の印象は大事なのできれい・清潔は基本！

8:30
出勤と開店準備

開店前の掃除をします。特にいすや鏡など、お客さんの目に入るポイントをきれいにします。また予約状況や来店されるお客さん一人ひとりを確認し、1日の予定を組み立てます。

> 会話が好きな方とそうでない方との見極めも大事！

9:00
営業開始

組み立てた予定どおりの時間配分で接客、施術を行います。カウンセリングを通じてお客さんが希望するヘアスタイルを聞き、提供します。また、お客さんの好みに合わせた会話をします。

☀ 朝　　　　　　　　　　☀ 昼

美容室勤務の美容師の1日

9:30
出勤と開店準備

開店前に店内の掃除を行います。また出勤時、ニュースを見てお客さんと話すネタを探します。

10:00
営業開始

次回も指名してもらえるようにお客さんの接客、施術を行います。アシスタントからスタイリストまで、自身の仕事をこなします。

ちがい①
【働き方の自由】

フリーの場合、出勤時間や休日など、自分の都合を優先できます。趣味や家族との時間を自由に作ることができます。

ちがい②
【収入】

美容室勤務の美容師は安定した給料を会社からもらえますが、開業した場合は売り上げによって収入の幅が大きくなります。

空き時間は自由に…
でも有意義に過ごすよ

13：00
休憩

基本的に予約優先で働いているため、予約の状況によっては休憩を取らない日もあります。逆に、予約のない時間はマッサージや買い物に行くなど、自由に過ごします。

現金の受けわたしをすることは少なくなりましたね

19：00
売り上げチェック

売り上げの誤差やおつりの受けわたしなどのミスがないか、1日の売り上げのチェックをします。近年はスマホ決済やカード払いが多いのですが、現金でいただいたときは銀行の口座に入れます。

決まった営業時間を設定していないから、お客さんの都合に合わせられるんだ

21：00
閉店作業

1日の最後のお客さんをお見送りし、店内の掃除をして閉店。最後のお客さんの時間に合わせて閉店するため、仕事が終わる時間は日によってちがいます。

☾夜

13：00
休憩

お昼休みを取り、ここでもお客さんとの話題にできそうなネタやヘアスタイルに関する情報を、雑誌やスマホで探します。

20：00
閉店作業

使った道具の手入れや店の掃除を行います。はさみやブラシなど、お客さんに直接触れる道具については消毒する義務があります。

21：00
個人練習

お客さんを担当するスタイリストを目指すアシスタントは、閉店後に練習を行います。

月によって売り上げや収入は変わるよ

ちがい❸
【責任】

美容室勤務の場合はトラブルの際も会社に守られますが、開業した場合はお店の責任の全てを自分で背負います。

開業した美容師の1か月

仕事の流れがわかる

1週目

目標の作成

去年の同じ月の売り上げを参考にして目標を立て、そのために必要なお客さんの人数や、価格を考えながら仕事の準備を始めます。

2週目

予約調整

お店のwebサイトと電話の両方で予約を受け付けているので、予約の時間が重ならないよう調整。予約なしで来るお客さんは少なく、ほぼ予約の方のみです。

空き時間を
webサイトでお客さんが
確認できるようにも
なっているよ

3週目

消耗品チェック

シャンプーやリンス、カラーリングの材料などの消耗品は毎週注文し、専用の業者に来てもらっています。

4週目

目標達成に向けて

月の売り上げ目標に対して、達成できるかを考えます。ワックスやトリートメントなどをおすすめして、達成のためのラストスパートをかけることもあります。

流行をおさえて
おけばお客さんに
提案しやすく
なるよ

営業活動

SNSで自分が
おすすめする
ヘアスタイルを
アップロード

SNSを通じた営業活動も大切。フォロワーの数の多さは信用にもつながるので、積極的に情報を発信します。

施術＆次回予約

カットなどの施術を終えたとき、次の予約を取って帰る方が大半です。男性は月に1回、女性はふた月に1回程度の方が多いです。

まとめ

美容室は、関西は月曜日、関東は火曜日を定休日にするのが一般的だけど、開業した美容師の場合は予約を優先にして、不定休にする人も多いよ。

雑誌の購入

シャンプー以外にも
消耗品はたくさん
あるんだ

月に10誌ほど、定期的に購入している雑誌を入れ替えたり整えたりします。近年はその代わりにタブレット端末を導入する店も増えています。

情報収集も大事な仕事

常に最新の流行をおさえておく必要があるため、カラーリングの材料など新商品のチェックは欠かせません。同業者から情報を得ることも。

07

／お金の流れがわかる＼

開業した美容師の1年

4月

お店のファンを増やす重要な月！

4月は進学や就職など、新しい土地での新生活が始まるため、新規のお客さんが多くなります。新規のお客さんにまた来店してもらうことが、お店を続けるための生命線です。リピートを目指し、一生懸命に接客・施術をします。

収入 ¥¥¥¥
支出 ¥¥¥

5月

連休は書き入れ時の一つ

みなさんがお休みのとき、美容師はいそがしくなります。特に大型連休はお客さんも集中するため、休まず働きます。新しい土地で美容室を探している新規のお客さんが多い時期なので、気をぬかずリピートを目指します。

収入 ¥¥¥¥¥
支出 ¥¥¥

3月

卒業式で大いそがし！

卒業式シーズンもヘアセットやメイク、袴の着付けのお客さんが多く来店します。ふだんの営業に加え、学校の卒業式に合わせた日時の予約になるため、スケジュールの管理重要です。

収入 ¥¥¥
支出 ¥¥

1月

成人式で大いそがし！

成人式の日は、早朝からお昼ごろまでヘアセット・メイク・着付けと予約で大いそがしです。お客さんにとって、成人式は人生に一度の大イベント。外部のメイクさんや着付け師さんたちとしっかり協力します。

収入 ¥¥¥¥
支出 ¥¥¥

2月

1年の中で最ものんびり

収入 ¥¥¥
支出 ¥¥¥¥

収入 …入ってくるお金
支出 …出ていくお金

6月

梅雨はパーマの季節！

この時期は湿度が高くなってくるため、髪がまとまらなくなりパーマのメニューの利用が増えます。特にストレートパーマや縮毛矯正などをすることで、おうちで簡単にスタイルを決めたいというお客さんには、積極的にパーマをすすめます。

収入 ¥¥¥¥
支出 ¥¥¥

7月

明るい髪色で夏のスタイルを提案

収入 ¥¥¥¥
支出 ¥¥¥¥

8月

旅行や帰省前に髪を整えたい人が多い月

収入 ¥¥¥¥
支出 ¥¥¥

9月

美容室の夏休み

7、8月はいそがしいため、落ち着いた9月に夏休みを取ります。家族や友人と出かけたり、家でのんびり休んだりします。

収入 ¥¥
支出 ¥¥

11月

12月に向けての準備スタート

落ち着いた予約状況の11月。1年で最もいそがしい12月に向けて、来店されたお客さんに年末に向けたスタイルの提案をして予約につなげていきます。クリスマス前や帰省前など、お客さんの予定に合わせて予約を提案します。

収入 ¥¥¥
支出 ¥¥

10月

夏で傷んだ髪をケアする季節

収入 ¥¥¥
支出 ¥¥

12月

1年を通じて最もいそがしい

12月は最も多くのお客さんが来店する月。年末に向かうにつれ、いそがしさが増していきます。クリスマスや年末年始などのイベントも多く、シャンプーやトリートメントなどの商品を購入する人も多くいます。プレゼント用として最適なギフトセットなども準備します。

収入 ¥¥¥¥¥
支出 ¥¥¥¥

ただ髪を切るだけでなく、お客さんに合ったスタイルを提供するのが仕事だよ。

08

医者

医科大学や総合大学の医学部などで6年間学んだのち国家試験に合格し、
医師免許を取得した人が医者です。
内科、外科、精神科などの専門分野に分かれ、病気の人に対し適切な治療を行います。
日々の診療業務では、患者さんに問診や検査を行って、その結果に基づいた診断をし、
治療方針を決定します。必要に応じて薬の処方をしたり、手術を行ったりすることも。

そのかいあって無事に国家試験には合格したけれど…

研修終わったら何科に進む？

オレは外科かなあ

実習見てやりがいを感じた！

私は小児科！子ども好きだから…

私は…

どんな医師になりたいんだろう？

私は目指す理想の姿がわからなくなっていた

転機が訪れたのは卒業後の初期医療研修

えっそんなこともするんですか？

そうだよ！　この地域に病院はほかにないからね

クリニック主催
スロージョギング大会
11/23( )
9:30〜
みんなで健康

地域住民の健康増進も大切な仕事だよ

配属先の山間の病院に行っておどろいた

はい大きく息を吸って〜

先生は通常外来のほかに
訪問診療や介護医療との
連携もこなしていた

はいっ

急いで急いで！
往診行くよ〜！

自分の専門技術を
とにかくみがくことが
医者にとって大事だと
思っていたけど

地域に根差して
住民の健康を守る…
こういう形の医療も
あるんだ

おかげん
いかがですか？

今日は腰の調子もよくて…
いつもよくしてもらってる
おかげです

数週間だったけど
私の道を決定づけた
研修だった

それから県立病院で
数年経験を積んだのち
地域医療に貢献すべく
故郷にクリニックを開設

ワクチンの
在庫足りて
ますか？

はい確認
します！

こんにちは！

先生！
今日はおかげん
いかがですか

ふふ…あなたこそ
先生じゃない

リョウコ
先生！

私は今日も
私の町の健康を守っている

開業した医者の1日

くらべてわかる

開業した医者の1日

開院のための準備も大切な仕事だよね

6:00
出勤

朝早くから出勤します。クリニック内や屋外の清掃をし、患者さんが気持ちよく受診できるように開院の準備をします。

病院とちがって気軽に受診してもらえるのはクリニックのいいところ

38℃

8:30
午前の診療開始

熱が出た、おなかが痛い、体調が悪いなど、さまざまな症状で困っている患者さんがクリニックへ受診にやって来ます。

☀ 朝　　　　　　　　　　　　　　　☀ 昼

病院勤務の医師の1日

7:00
出勤

外来診療や検査が始まる前に、自分が担当している入院患者さんの様子を見にいきます。着いたらすぐに仕事を始められる環境です。

8:30
診療開始

病院で一緒に働く医者や、夜勤で働いていた看護師からの連絡事項を聞くなど、30分程度のミーティング。それから診療を開始します。

about

開業した医者は、10歳から100歳まで年齢に関係なく、大勢の患者さんのさまざまな症状を診察をします。

ちがい❶
【 働く場所 】

開業した医者は生まれ育った地方など、自分が働きたいと思った場所で働くこともできます。

ちがい❷
【 診療する内容 】

クリニックは治療のほか、健康診断で再検査となった人や、病気の予防目的の人にも対応します。

自分の診断によって
患者さんが元気になったり
病気を早期に発見できたり
するとやりがいを感じる

子どもから大人・高齢者まで
一家全員を診られるのも
クリニックのいいところ

クリニックの医者も体が資本
翌日の診療のため
しっかり休養と睡眠を取って
体調を整えよう

12:30
午前の診療終了

軽食をとって、午後からの診療に備える時間。流行の感染症の状況や予防接種、新しいお薬の勉強などもお昼休みにします。看護師や医療事務員、薬剤師と、みんなで患者さんの相談をすることもあります。

14:30
午後の診療開始

10歳から100歳近い患者さんが来ます。学校帰りの学生や高齢者など、受診して元気になった姿を見るとやりがいを感じます。

18:00
午後の診療終了

1日の診療が終わったら、看護師、医療事務員と、明日はどんな患者さんが来る予定か、消耗品は足りているかなどの確認をしながらクリニックの清掃をします。その後、子どもの習いごとのおむかえに行くこともあります。

☾夜

12:00
昼食と休憩

診療の間にお昼ご飯をとります。救急の患者さんが来ることもあるため、お昼ご飯が食べられないときもあります。

16:00
ミーティング

医者、看護師、理学療法士、栄養士、生理検査技師らと週1回程度、患者さんについて相談。患者さんがよくなるようチームで取り組みます。

17:30
翌日の準備

翌日の診療の準備を行います。日中に検査や治療をした入院患者さんの様子を見にいきます。帰宅後も、患者さんの容態の急変などで呼び出されることもあります。

健康診断の結果を見て
予防することが大切

ちがい③
【診療時間】

病院勤務のときは病院に泊まっての業務もありましたが、クリニックは朝から夕方までです。

看護師と一緒に
緊急外来の患者さんの
対応を!

開業した医者の1か月

仕事の流れがわかる

1週目

月に一度行う検査や処方

検査や処方の中には、毎月1回までしか認められていないものがあります。そうした診療を必要とする患者さんは、4週間後に予約を取ることが多いため、同じ月になっていないか注意して対応します。

2週目

資料のまとめ

毎月10日までに前月の診療内容をまとめた資料を作ります。医師は病名を付けたり、くわしい症状を書いたりしますが、資料の作成は主に医療事務員が担当します。

医療事務のスタッフは
資料作成業務で
いそがしい時期…いつも
ありがとうございます!

3週目

動画の更新

クリニックの待合室では、待ち時間を有意義に過ごしてもらえるよう、医療に関する動画やお知らせを流しています。月代わりのため、翌月の休診日や内容を改めます。

4週目

物品の発注

今月も残りわずかです。翌月の検査や、ワクチンの予約状況などを把握し、注射針や注射器、洗浄液など、さまざまな医療用消耗品を発注しておきます。

消耗品の在庫を確認
数が少ないものは
忘れず発注しないと!

今月はどんな症状の
患者さんが多くなるかな…
定期受診の患者さんは、
体調を崩していないかな

発熱中の患者さんに注意！

発熱者が増え始めると、1週間
はその傾向が続き、診療がい
そがしくなります。スタッフの
健康管理も大切です。

スタッフの給料計算

スタッフの給料計算を行いま
す。出勤日数、勤務時間、時
間外労働時間などを計算しま
す。

クリニックには看護師・
管理栄養士・清掃員・
医療事務員など
さまざまなスタッフが
勤めているよ

給与のふりこみ

25日は給料日です。それぞれ
のスタッフの口座にふりこみを
します。

スタッフミーティング

1か月のふり返りとして、スタ
ッフみんなでミーティング。改
善点などには早めに対応でき
るよう、みんなで対策を考え、
翌月に備えます。

組織との
ちがい

大きい病院勤めの医者は、自分の専門分野の患者さんを診察しますが、開業した医者は、一般内科として専門分野以外の病気も診察し、必要があれば専門医を紹介します。

まとめ

開業した医者は、患者さんを診るだけでなく、事務処理や医療品の発注など、病院勤めの医師にくらべて仕事内容は多岐にわたります。

お金の流れがわかる

開業した医者の1年

4月
新年度スタート
春は花粉症の患者さんが多いです。目がかゆい、鼻水が出るなどアレルギー症状の対応をします。また新生活が始まり体調不良で受診する人や、入社後の健康診断も受け付けます。

収入 ¥ ¥ ¥ ¥
支出 ¥ ¥ ¥

5月
大型連休で長期休診になる年も！
大型連休は休診。長期の休みになる年もあるため、患者さんにわたす処方薬が不足しないよう注意します。連休前に、病状が気になる患者さんを病院に紹介する場合もあります。

収入 ¥ ¥ ¥
支出 ¥ ¥ ¥

3月
年度末、次年度の準備！
収入 ¥ ¥ ¥
支出 ¥ ¥

2月
まだまだ寒い日が続いて除雪も大変！
収入 ¥ ¥ ¥
支出 ¥ ¥

1月
お正月明けは大いそがし
年末年始で人の交流が多くなる時期は、インフルエンザやコロナ患者が増えてきます。体調不良になる患者さんも増え、クリニックもいそがしくなります。

収入 ¥ ¥ ¥ ¥
支出 ¥ ¥ ¥

12月
スタッフみんなで1年間のふり返り！
1年間の診療をふり返る時期。スタッフみんなで意見を出し合い、よりよい医療を提供できるよう話し合います。最後の診療日の後は、みんなでクリニック内を大掃除。

収入 ¥ ¥ ¥ ¥
支出 ¥ ¥ ¥

収入 …入ってくるお金
支出 …出ていくお金

6月

春の健診結果、続々

春の健診結果が届く時期。「血液検査の数値が悪い」など、受診指示があった用紙を持って受診に来る患者さんが多くなります。胃の中を見る胃カメラ検査の予約も多くなります。

収入 ¥ ¥ ¥ ¥
支出 ¥ ¥

7月

夏本番、熱中症に注意!!

収入 ¥ ¥ ¥
支出 ¥ ¥

8月

お盆休みは長期休診！

暑さは続き、点滴希望の患者さんが多い月。夏休みは帰省中の人や旅行者の受診もあります。お盆は多くのクリニックが休みを取るため、お盆前後の受診患者さんが多くなります。

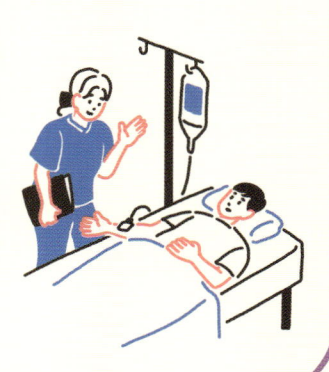

収入 ¥ ¥ ¥ ¥
支出 ¥ ¥ ¥

9月

インフルエンザの流行に備える！

収入 ¥ ¥ ¥
支出 ¥ ¥

10月

ワクチン接種と秋の健診！

インフルエンザのワクチン接種を開始します。過ごしやすい季節になり、体調を崩す人が減る時期ですが、秋に受けた健診結果を持参して受診しに来る人が増えてきます。

収入 ¥ ¥ ¥ ¥ ¥
支出 ¥ ¥ ¥ ¥

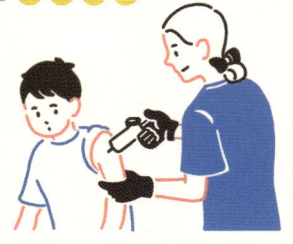

11月

冬への備えの準備！

暖房設備の点検など、冬に備えた準備をします。寒くなると血圧が高くなる患者さんが増えます。高血圧は重大な病気の原因となるので注意が必要です。

収入 ¥ ¥ ¥ ¥
支出 ¥ ¥ ¥

患者さんから感謝の言葉が直接届くので、やりがいを感じて働いているよ。

09

えいぞう
映像ディレクター

テレビ番組やweb動画など、あらゆる映像を制作する仕事。
撮影した動画はパソコンを使って編集するため、編集の知識はもちろん、
どのような動画を作ればいいのか考えるアイデアの力も必要です。
技術だけでなく、仕事の依頼主やスタッフとのコミュニケーション力も試されます。

ノゾムも野球行こうぜ！

今日見たい映画流れてるから！また今度！

小さいころから映画を見るのが好きだった

外国の映画って知らない世界が広がっていておもしろい…

大きくなったら映画監督とか…映像をつくる仕事ができたらな…

昔からの夢を追うべく映画のサークルが盛んな大学に入学

大学ではもちろん映画サークルに所属朝から晩まで映画を見て過ごす日々

この監督、やっぱカメラワークヤバいすね..

今、旧作名画座でやってるぜ、行くか

ノゾム！レフ板もっと傾けて！

ハイ！

先輩の映像制作の手伝いもした

大学3年の夏に自分でも自主映画をつくることに

どんなシナリオにしよう…

カット！

企画、構成、シナリオ、絵コンテ、役者集め、撮影、編集……

全てこだわりぬいて自分の思いをつめこんだ作品ができた

やっと…できた…

いいじゃん！

Fin

この作品がなんと有名な映画祭で賞を獲得！

わーっやったー！

パシャ

パシャ

これから映画監督のオファーがどんどん来るな！

卒業する時期に新しい映画の撮影を開始したため就職しなかった

しかし…

ひたすら一人で脚本を書く日々…

この企画だと我が社はお金を出せないかな～

次の映画をつくる機会はなかなか訪れず…

気づけば数年が経っていた

実家で脚本を書きながらアルバイトで食いつなぐ日々…

¥CP

新作！

HIT！

ずっとこのままだったらどうしよう…

そんなある日

お願いが あるんだけど

ん？

来週 会える日ある？

昔、映画 つくってたよね？

5分くらいの 動画なんだけど 撮ってもらえない かな？

いいけど…

映画より短く 小さい仕事だった が全力でやった

この曲かな〜

ジャ〜ン… ♪〜

…どうですか？

すご〜い！

すてきな 作品ね…

ありがとうございます！

やっぱりモノづくりって おもしろいな… 俺、映像をつくって 生きていきたいな…

もう一回 見よう〜

30歳を機に 俺はフリーの映像 ディレクターとして 活動を始めた

仕事は多岐にわたる 映画だけでなく 番組のコーナー撮影、 YouTube動画…

自分が成長したいことを 仕事にできる… フリーランスのよさだ

ラスト一本 本番 行きまーす！

09

くらべてわかる

フリー映像ディレクターの1日

フリー映像ディレクターの1日

> 子どもたちを
> 幼稚園に送ったら
> 自宅で仕事スタート！

10：00
作業開始

自宅でメールのチェック。その後、今日行うミーティングに向けて、作ってきた企画書や映像のイメージを事前にイラストで表現した「絵コンテ」の、最終調整をします。

> クライアントの要望を
> 聞きながら、自分が考える
> よい映像を提案するのは
> やりがいがあるよ

11：00
ミーティング

依頼のあったCMの内容や作業の進め方について、依頼主や映像制作会社とオンラインミーティング。ディレクターとしての立場で説明します。

☀あさ 朝 ———————————————————— 昼 ☀ひる

映像制作会社のディレクターの1日

9：00
出社

電車で制作会社に出社。メールチェックをしつつ、今日やることを確認。朝会でチームごとに担当する仕事の進み具合を伝えます。

10：00
ミーティング

プロデューサーがとってきた、会社のPVの仕事のディレクターを務めることになり、ミーティング。会議室で依頼主と打ち合わせをします。

about

フリー映像ディレクターは、映画の制作をする人もいれば、テレビやweb用の動画などを作る人もいます。

自分の個性を生かせる

ちがい❶
【仕事の受け方】

フリーランスはディレクター個人に依頼がきたり、自分で案件を探したりして仕事をします。得意なことや特性を生かせます。

仲間同士で協力して
助け合いながら
撮影をがんばります！

14:00
撮影

会社のプロモーション映像制作のため、依頼先を訪問し、役員のインタビューを撮影。フリーのカメラマンや音声スタッフさんと一緒に取り組みます。照明にこだわるなど、自分のこだわりも出します。

家族と過ごす時間や
自分の時間も大切

19:00
自分の時間

家族との夕食後は、仕事のためのアイデア探しや、自分の作品作りの時間。本を読んだり、webで参考映像を見たり、脚本を書いたりします。

撮影した動画のどの部分を使って
どうつなぎ合わせるか…
センスが大事！

21:00
編集

撮影した映像を自宅のPCに取りこみ、編集を始めます。動画の編集を教える学校もありますが、現在は独学でも覚えられる環境が整っています。

🌙夜

14:00
撮影

会社が定期的に取り組んでいるweb動画を、自社スタジオで撮影。社内スタッフのカメラマンや音声担当者と一緒に取り組みます。

17:00
編集チェック

撮影の合間に、映像の編集担当者が仕上げた映像をチェック。修正版に向けて、打ち合わせ。

19:00
終業

終業に向けて、今日の仕事の進み具合を上司に報告。急ぎの仕事がなければ、残業することなく帰宅します。

ちがい❷
【 自分の時間 】

仕事のしめきりに向けたスケジュールが組めれば、空いた時間に映像の勉強や自分の作品作りができます。

仕事によって関わる
人数もちがうんだ

ちがい❸
【 自己完結型 】

企画構成から現場の指示や編集まで、さまざまな関わり方があります。フリーの仲間で手分けすることも。

フリー映像ディレクターの1か月

仕事の流れがわかる

1週目

絵コンテの仕上げ

ファッションブランドのwebのCMの絵コンテの仕上げにかかります。どのようなカットやトーンにするのか、どうすれば服がかっこよく映るか、予算内でできるかなどを考えます。

2週目

出演者を決定

オーディションで出演者を選び、各部署のスタッフとの打ち合わせ。カメラマンと機材の決定、美術と小道具のチェックなど、一緒の作業が始まります。

みんなで協力してよりよい映像を作ることが醍醐味なんだ

3週目

ロケ地の下見

メインスタッフで撮影場所の下見。屋外のシーンが多いときは、当日の進め方をシミュレーションします。出演者の動きやカメラワークのテスト、ロケ地の太陽の角度などを、現場で確認します。

4週目

撮影開始！

朝からスタッフ全員でロケ地に移動。天気がくもりでも撮影や照明を工夫して、よい映像になるようにがんばります。イメージどおりの撮影ができたときは、みんなの心も一つに。

撮影現場では想定外の出来事がたくさん起きる！スタッフのチームワークが問われるよ

絵コンテは
出演者やカメラマンなど
スタッフ全員でイメージを
共有するためにとても大事！

CM制作開始！

プロデューサーと一緒に、広告の依頼主との打ち合わせ。絵コンテの最終の原稿にOKをもらったら、いよいよ本格的なCM制作に向かっていきます。

ダンスの動きを確認

出演者と衣装合わせ。広告主のファッションブランドの服を着て、メイクをします。ダンスシーンがある場合などは、ダンスの動きなども確認します。

撮影当日は
10時スタートだから
その時間の太陽は
このくらいの
角度にあるな…

天気予報のチェック

撮影まで、さまざまな準備を進める日々。天気予報とにらめっこしながら、雨が降った場合の撮影をどうするか考えておきます。

編集作業へ突入

無事に現場での撮影を終えたら、撮れた素材のチェック。夕方は晴れて、きれいな夕日が撮れました。ここからは動画の編集作業に入ります。完成に向けて、仕事は続きます。

組織とのちがい

勉強して自分の力を伸ばしていくことも大事ですが、フリーランスはコミュニケーション能力がより重視されます。関わる人が毎回変わる中で、協力してものづくりをするためです。

まとめ

どこで、だれと、どんな映像を撮るかは、その月によって異なります。人とのつながりと、経験の積み重ねが大事な仕事の一つです。

09

フリー映像ディレクターの1年

お金の流れがわかる

5月

撮影の機材を買う！

ふだんはカメラマンに撮影をたのみますが、自分で撮影することもあるため、フリーランスは機材を買う必要があります。待ちに待った新型のカメラを発売と同時に買うことに。大きな出費になりますが、自分の財産になります。

収入 ¥¥¥
支出 ¥¥¥¥¥

4月

新しい番組がスタート

海外に向けて日本文化を紹介する、テレビ番組のコーナーを制作。英語力を生かしてディレクターを務めます。映像制作が好きということ以外に、何か特技があるとそのジャンルの仕事の依頼があり、それが実績となってまた次の仕事につながります。

収入 ¥¥¥¥
支出 ¥¥

3月

年度末に向けて大いそがし！

会社の決算に向けて、納品を年度末の3月に設定する依頼主が多く、1年で最もいそがしい日々。急な撮影や編集までのスケジュールが短い案件などは、仲のよいカメラマンや編集者に声をかけ、映像作品完成に向かって取り組みます。

収入 ¥¥¥¥¥
支出 ¥¥

2月

複数のプロジェクトを同時進行！

社長メッセージや仕事の上手なやり方など、会社の社員に向けて作られるインナー動画や、自社社員出演のweb動画、商品のプロモーション動画など多くの撮影があります。映像は今や、会社内の情報共有ツールや自社コンテンツ、対外向けの宣伝など、さまざまな形で活用されています。

収入 ¥¥¥¥¥
支出 ¥¥

1月

お正月から始動

収入 ¥¥¥
支出 ¥¥

収入 …入ってくるお金
支出 …出ていくお金

6月

パソコンの買い替えも必要

収入 ¥¥
支出 ¥¥¥¥

7月

ポートフォリオ制作と営業

定期収入となる仕事が計算しづらいのがフリーランスのつらいところ。仕事が少ない月は、取り組んできた仕事をまとめ、自分の経歴や強みなどを売りこむための資料「ポートフォリオ」や、営業活動に生かすための自己紹介代わりとなる短い動画などを作ります。

収入 ¥
支出 ¥¥¥

8月

オーケストラの全国ツアーに同行

収入 ¥¥¥¥
支出 ¥¥

9月

映画の企画を進める

仕事の合間に、自分が作りたい映画の企画書と脚本の制作を進めます。映画監督の多くは映画だけで生計を立てるのではなく、学校で授業をしたり、映画以外の映像を制作したりすることが多いです。仕事をがんばりつつ、どう自分の時間を作るかは永遠のテーマです。

収入 ¥¥
支出 ¥

10月

映画祭シーズン！

秋は多くの映画を一つの都市に集めて上映する、映画祭の季節。国内外のさまざまな映画が上映されます。映画は今の世界を知る窓。映画祭にやって来た海外の映画人との交流も行うことができ、自分が作りたい映画の企画書を使ってアピールします。

収入 ¥¥
支出 ¥¥

11月

年末にかけて仕事が立てこむ

年末に向けていそがしくなる月。知り合いの映像制作の仕事を手伝うことも多くなります。ディレクターとして呼ばれることが多いですが、撮影アシスタント、メイキング撮影、編集、通訳などの仕事をすることも。

収入 ¥¥¥¥¥
支出 ¥¥

12月

テレビ番組の特番で海外に出張

収入 ¥¥¥¥
支出 ¥¥

年末や年度末は忙しいけど、その合間の時期に営業や企画を進めるよ。

10

アニメーター

今や、日本のアニメは世界中で大人気。そのアニメ作品を作る仕事です。
キャラクターの動き始めと動き終わりを描く"原画"、その間を描く"動画"などの
実績を積み上げた人は、作画監督や、キャラクターデザインを任されることもあります。
こうした経験を積むことで、フリーランスとして活躍する道が開けます。

そういえば…
マシロさんはどうして
今(いま)の仕事(しごと)スタイルに
落(お)ち着(つ)いたんですか?

え～?

目指(めざ)したきっかけは…
まあこの仕事(しごと)してる人(ひと)
みんなそうだと思(おも)うけど

小(ちい)さいころから
絵(え)を描(か)くのが好(す)きで…

マシロちゃん
絵描(えか)くの
上手(じょうず)～！

次(つぎ)は私(わたし)の好(す)きな
キャラ描(か)いて！

マンガも好(す)きだけど
アニメも好(す)きで

出(で)たわね…

変(へん)・身(しん)！

とりわけ
女(おんな)の子(こ)が変身(へんしん)して戦(たたか)う
アニメに夢中(むちゅう)になった

アニメって一枚一枚(いちまいいちまい)
描(か)いているんだよね…
すごいな～…！

高校卒業後
私はアニメーターの
養成所に入所

そしてアニメ制作会社に入社
動画担当から原画担当
キャラクターデザインと順調に
ステップアップしていった

この動き
いいね！

ありがとう
ございます！

やがて結婚して…

ママー！

いって
きまーす

出産後も育休を
はさみつつ仕事を
続けてきたけれど…

ただいま〜…

…
よく寝てる…

繁忙期が続くと
子どもと遊ぶ時間も
満足に取れない…

子どもはあっという間に
大きくなっちゃうのに…
このままの生活でいいのかな

そういう訳で…
会社を辞めて
フリーランスに
なったの

へ〜

今は出社時間を
気にせずマイペースに
働けてるよ

基本給がない分
収入は少し
不安定だけどね

今は打ち合わせも
オンラインで
できるし…

ねー
ママー！！

あ、ごめん呼ばれたから
切るね！　また！！

はい！
おつかれ
です〜！！

あーちゃん
どうしたの？

ママ見て！
おひめさま描いたの！

わー
上手！
あとで
かざろうね

ママの作ったアニメ
はじまるよ！
一緒に見よ！

はいはい

娘も絵を描くのが
好きな子どもに
育っている

へんしーん！

この子は将来
何になるのかな…

10
くらべてわかる
フリーアニメーターの1日

フリーアニメーターの1日

勤務開始時間は人によってちがうよ 夜7時から働き始める人もいるよ

座りっぱなしの仕事なのでこまめなストレッチをして体を動かすように心がけよう

9:00 出勤

在宅なので通勤ラッシュとは無縁です。朝の支度を終えたら、午前中の集中できる時間に作業を進めます。仕事部屋はリビングルームの一角にある机。ここにパソコンなど、作業に必要な道具一式が置かれています。

12:00 昼食

ミーティングが入ったり、作業をキリのいいところまで進めたりと、昼食の時間はバラバラです。集中していると昼食を食べ忘れることもあります。時間がないときはサンドイッチなどを片手で食べながら作業します。

朝 ☀ 昼

制作会社のアニメーターの1日

10:00 出勤

実家から通勤する人もいれば、近くにアパートを借りて自転車で通勤する人もいます。会社の規模は、数人から300人くらいまでと、さまざまです。

12:00 作業

黙々と作業をする一方で、社内ではおたがいに連絡をしたり、会議室で会議が始まったりと、とてもにぎやかです。

ちがい❶ 【勤務場所】

フリーランスは在宅勤務か、メインで仕事をもらっている会社に出勤しての勤務かを選べます。

ちがい❷ 【仕事が選べる】

基本的に作業内容は同じですが、フリーランスの方が携わる作品の選択肢が広いのがよい点です。

後の作業に支障が出ないように
わからないところがあれば
しっかりと演出さんに確認

つかれてくると
集中力が落ちるので
音楽やお菓子・散歩をして
気分転換しよう！

どうしても間に合わない
ときは深夜も作業するけど
睡眠時間はなるべく
けずらないようにしたい

15:00
制作会社とミーティング

制作会社とのミーティングはたいてい午後に行われます。依頼されている仕事の説明をメインに行い、しめきりや報酬額の交渉はメールでやりとりします。原画の作成や作画監督など、仕事内容によって報酬額は異なります。

18:00
終業

終業時間はまちまちですが、順調にいけば夕食前に作業を終えます。しめきりに間に合わなそうなら夜も作業し、なんとか間に合うようがんばります。しめきりを守ることは、フリーランスにとって大切です。

22:00
メールチェック

制作会社の人が、大体夜8時ごろまで仕事をしているので、夜に連絡メールが来ることが多いです。ひととおり確認し、返信します。その後、明日はどこから作業を始めるかなどの確認をします。

◖夜

15:00
ミーティング

担当している仕事の進行は順調か、次の仕事はいつから入れるか…など、スケジュールについて相談します。ていねいさと、しめきりのバランスが大事です。

19:00
夕食

週末は会社の同僚や先輩たちと食事に行くこともあります。新しい作品をどの制作会社が作ることになったのかなど、情報交換も行われます。

22:00
退勤

大体、夜8時ごろから多くの人が退勤し始めます。自分の作業ペース次第ですが、おそくても終電では帰るようにします。

新しい作品
がんばるぞ！

PROJECT
A B C D E

ちがい❸
【他業種交流】

アニメーションは集団作業なので、人との関わりが重要です。会社に入ると交流が広がります。

情報交換も大切な
仕事の一つ

NEW ANIME　MONEY　SKILL UP

フリーアニメーターの1か月

仕事の流れがわかる

1週目

4週間分の予定を立てる

作品の担当箇所の打ち合わせをします。月初めという決まりはないですが、おおよそ4週間で動くスケジュールの作品が多いです。

2週目

レイアウト制作

レイアウト（画面構成）と呼ばれる、全体の設計図を制作します。この設計図がいろんな担当者に回され、全員がレイアウトを見ながら作業をするので、大事な仕事です。

いろいろな情報をレイアウトに描くよ
基本の情報なのでミスは厳禁！

3週目

レイアウトチェック

レイアウトが完成したら、提出します。さまざまなチェックを経て、問題がなければ後の作業へ進み、問題があればやり直しの指示が来ます。

4週目

原画の制作

チェックが通ったレイアウトが再び手元にもどり、原画と呼ばれる動き作りの作業をします。原画が完成したら提出し、仕事完了です。

レイアウトを基にキャラクターのお芝居を演出するよ
とても楽しい作業！

会社勤めのアニメーターは毎月お給料がふりこまれますが、フリーアニメーターは、完了した仕事ごとにお金をもらいます。

打ち合わせ

初めて関わる作品は資料をしっかり読みこんで内容をよく理解しないと！

打ち合わせはオンラインや、制作会社に出向いて行います。仕事を依頼してもらうときが、いちばんわくわくします。

細部までチェック

どの位置にキャラクターを置いて、どんな動きをさせるかなど、この段階で決まります。0から1を生み出す作業がいちばん難しく、面白いところ。アニメーターの個性も出ます。

まとめ

会社勤めのアニメーターは、ほかの社員のヘルプに入ったり、自分が間に合わなかったら助けてもらったりもしますが、フリーランスは全てが自己責任！

スケジュール相談

打ち合わせどおりのレイアウトが描けているかチェックは通るのか緊張の一瞬！

レイアウトは作品作りの土台となる大事なもの。難しく、時間がかかるので、どうしてもしめきりに間に合わない場合は、スケジュールを相談します。

演者として作画

キャラクターの性格や心情を表現します。自分が役者になった気持ちで作業をするので、怒ったり笑ったり、キャラクターと同じ顔になったりして描いています。

フリーアニメーターの1年

\お金の流れがわかる/

4月

新作アニメのチェック！

たくさんの新作アニメが始まるので、流行や特徴などの研究をします。仕事仲間やアニメの制作会社が、どの作品に関わっているのかもチェックします。

収入 ¥ ¥ ¥
支出 ¥ ¥ ¥

5月

長期休暇はのんびりと！

収入 ¥ ¥
支出 ¥ ¥ ¥ ¥ ¥

3月

新番組シーズンを乗り切る！

収入 ¥ ¥ ¥ ¥
支出 ¥ ¥ ¥

2月

日数が少なく気がつくと月末！

フリーランスは完成させた作品数で報酬をもらう場合が多く、ほかの月より日数が少ない2月はその分こなせる作業量も減り、収入が減ってしまいます。

収入 ¥
支出 ¥ ¥

1月

お正月から月末に向けてエンジン稼働！

お正月明けはのんびり仕事を進められますが、大型連休をひかえた海外の制作会社からの依頼もあります。このため、月末は仕事を前倒しする必要があり、いそがしくなります。

収入 ¥ ¥ ¥
支出 ¥ ¥ ¥ ¥

12月

年末に向けて大いそがし！

制作会社や放送局が年末年始にお休みするので、それまでに提出するよう12月は大いそがしです。各社の忘年会もあります。有名なアニメ監督さんなど、そこでしか会えない人もいます。

収入 ¥ ¥ ¥ ¥ ¥
支出 ¥ ¥ ¥ ¥ ¥

収入 …入ってくるお金
支出 …出ていくお金

6月

じめじめした季節は
アニメーターの味方！

外に出るのがゆううつなこの季節は自然と仕事時間が長くなり、SNSなどで仕事仲間との交流が活発になります。時にはオンラインで交流をすることも。

収入 ¥ ¥ ¥
支出 ¥ ¥

7月

夏に向けて
イラストの仕事多数！

収入 ¥ ¥ ¥ ¥
支出 ¥ ¥

8月

アニメのお祭りで
交流！

祭典に出向き交流をしたり、売り子をしたり、情報を仕入れたりします。ふだん会えない人とも会え、とても刺激になります。ここで販売する雑誌が、大きな収入の柱になっている人もいます。

収入 ¥ ¥ ¥
支出 ¥ ¥ ¥ ¥

9月

秋の新番組も大きな波！

10月も多数の新作アニメがスタートします。また、人気作の続編が始まることも多いので、制作会社に自分をアピールすると好きな作品に参加しやすくなります。

収入 ¥ ¥ ¥ ¥
支出 ¥

11月

ふだんの仕事に加えて
来年度の選考！

ふだんの仕事とは別に、来年度の新卒雇用の審査をたのまれたりします。学生さんとお話ししたり、専門学校に出向いて講義をしたりすることもあります。

収入 ¥ ¥ ¥
支出 ¥ ¥

10月

アニメーターも
スポーツの秋！

収入 ¥ ¥
支出 ¥ ¥ ¥

家族の時間もありながら、好きな作品にも関わって充実して仕事をしているよ。

キィッ

わあ
ここに来るのも
久しぶりだわ…

先生
着きましたよ

あのころの
ままねぇ…

これ！

これ
卒業式のときに
配ったバッジ…！

みんな
約束を守って
くれたのね

同窓会が決まったとき
「バッジを持ってこよう」って
呼びかけたんです

なかなか見つからない
人もいたみたいだけど

ナツミッ！
言うなよ〜！！

114

…みんなの夢はかなったかしら？

かなっ…てると思います！

私も…！

こういう働き方になるって、子どものころは想像してなかったけど…

子どものころは夢はまだぼんやりしてたけどいろんな経験をして道が定まっていった気がします

俺も！その人にはとても感謝しています…！

NDC360
会社員以外の働き方
Gakken 2025 120P 26.0cm
ISBN 978-4-05-501441-0 C8030

執筆	小林良介
制作協力	丸山和也、宇賀なつみ、
	宇井勇生、笠原眉子、木下雄介、木村真由紀、
	宮本みゆき、矢加部淳、渡辺敦子、渡部和馬
デザイン	中村圭介、野澤香枝、平田賞 (ナカムラグラフ)
表紙イラスト、マンガ	石山さやか
本文イラスト	アツダマツシ、坂本伊久子
編集協力	田中裕子、株式会社ユニックス、AMG出版
	高木直子、阿部薫、久保はんな
企画・編集	樋口亨、馬下明日香

2025年2月11日　第1刷発行

発行人	川畑勝
編集人	志村俊幸
編集担当	樋口亨、馬下明日香
発行所	株式会社Gakken
	〒141-8416
	東京都品川区西五反田2-11-8
DTP	株式会社 ダイヤモンド・グラフィック社
印刷所	共同印刷 株式会社

この本に関する各種お問い合わせ先

● 本の内容については、下記サイトのお問い合わせフォームよりお願いします。
https://www.corp-gakken.co.jp/contact/
● 在庫については
Tel 03-6431-1197 (販売部)
● 不良品 (落丁、乱丁) については
Tel 0570-000577
学研業務センター
〒354-0045 埼玉県入間郡三芳町上富279-1
● 上記以外のお問い合わせは
Tel 0570-056-710 (学研グループ総合案内)

©Gakken